扫一扫
看洪门功夫视频

荆楚武术丛书

少林洪门功夫秘典

蒋剑 臧重光◎编著

长江出版传媒 Changjiang Publishing & Media
湖北科学技术出版社 HUBEI SCIENCE & TECHNOLOGY PRESS

图书在版编目（CIP）数据

少林洪门功夫秘典 / 蒋剑，臧重光编著 . -- 武汉：湖北科学技术出版社，2019.10

ISBN 978-7-5706-0809-6

Ⅰ . ①少… Ⅱ . ①蒋… ②臧… Ⅲ . ①少林拳—基本知识 Ⅳ . ① G852.15

中国版本图书馆 CIP 数据核字 (2019) 第 259783 号

SHAOLIN HONGMEN GONGFU MIDIAN

责任编辑：谭学军　徐　竹　　封面设计：胡　博

出版发行：湖北科学技术出版社　　电话：027-87679468

地　　址：武汉市雄楚大街268号　　邮编：430070

（湖北出版文化城B座13-14层）

网　　址：http：//www.hbstp.com.cn

印　　刷：武汉中科兴业印务有限公司　　邮编：430071

700 × 1000　1/16　19.5印张　290千字

2020年1月第1版　　2020年1月第1次印刷

定价：42.00元

武当熊门传人孙祥官简介

孙祥官，又名孙先觉，生于1913年2月8日，卒于1987年冬月，享年74岁，湖北天门胡市人氏，门号孙广发。孙祥官先生自幼习武，勤学苦练，在武汉国术馆学艺经年，对武当熊门武功、少林洪门功夫等深有研究，一生以习武授徒、治病救人为生计，行走大江南北。特别是在湖北的天门、应城、安陆、京山、汉川等地，授徒数千人，江湖人称“孙半侠”。

孙祥官先生武德高尚，授徒宗旨：“传人须传真君子，授徒必教大丈夫”！巧令好色者不教，忘恩负义者不传，提倡尊师重道，尊师如尊天伦，习武之人以强身健体、除暴安良、防身自卫为目的。把毕生所学武艺，发扬光大，用自己的心血自绘、自写、自著武学心得。亲自抄录出了武当熊门唐手拳、七星活气功、太子罗汉拳、少林拳术单练、对打，器械单练、对练的手写本，为现代武术教学和传承做出了积极的宝贵贡献。

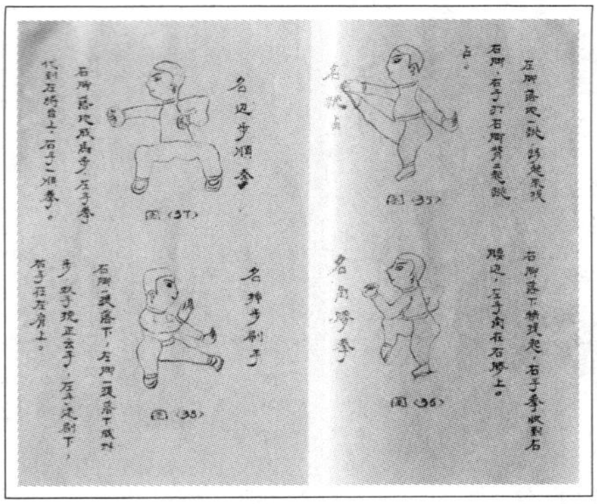

（一）

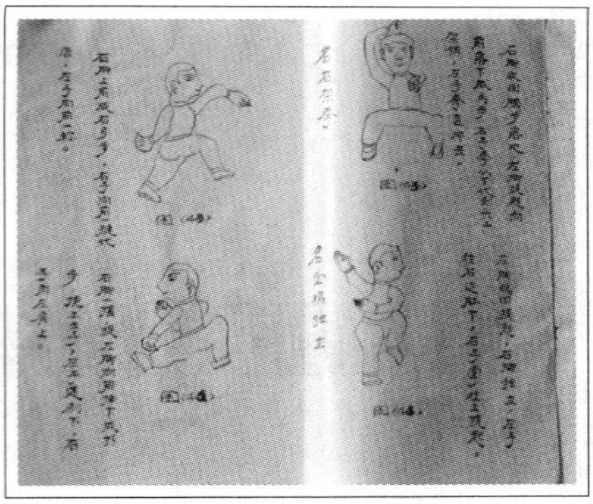

（二）

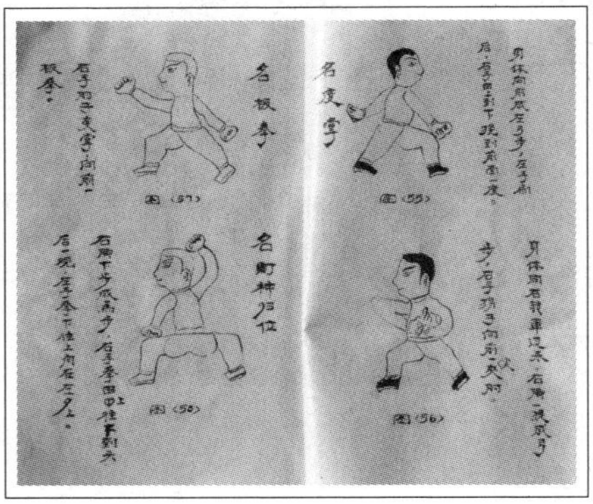

（三）

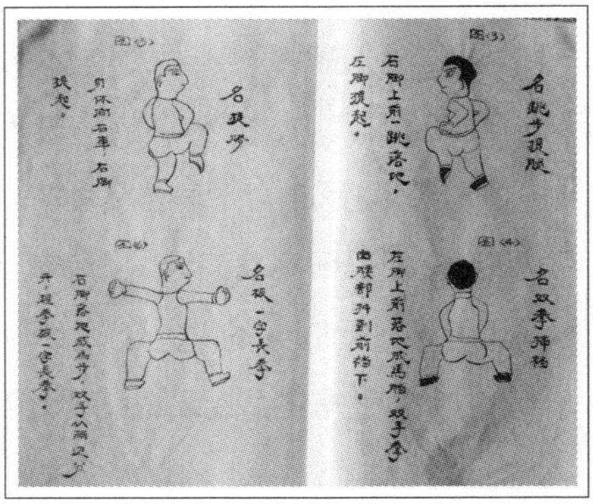

（四）

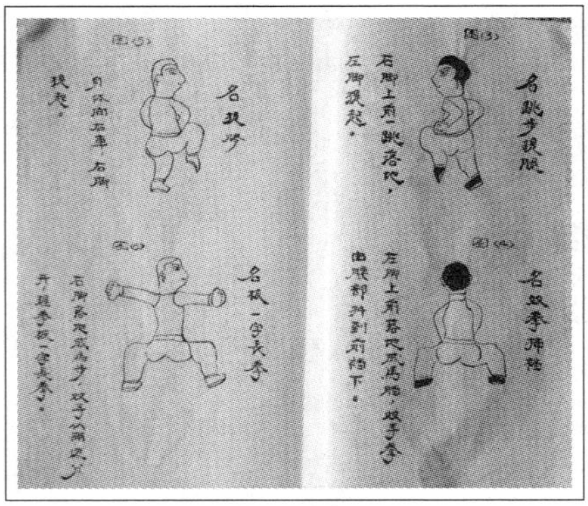

（五）

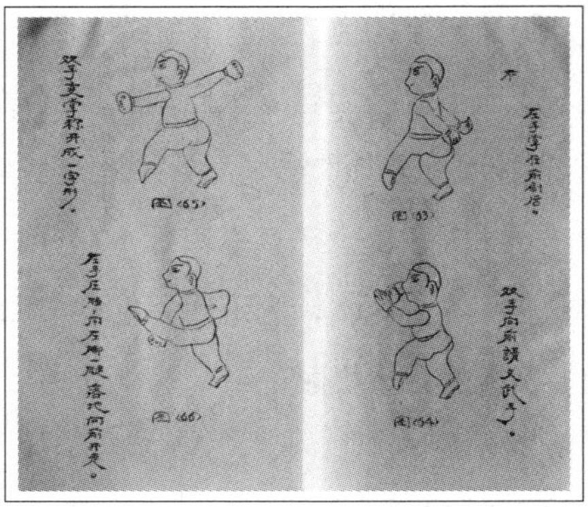

（六）

武当熊门部分手抄资料

序一

饮水思源，不忘师恩

我的恩师孙祥官先生生于1913年2月8日，卒于1987年冬月，享年74岁。

恩师自幼习武，勤学苦练，在武汉国术馆学艺经年，对武当熊门武功、少林洪门功夫等深有研究，一生以习武授徒、治病救人为生计，行走大江南北。特别是在湖北的天门、应城、安陆、京山、汉川等地，授徒数千人，江湖人称“孙半侠”。

恩师武德高尚，授徒宗旨：“传人须传真君子，授徒必教大丈夫！”巧令好色者不教，忘恩负义者不传，提倡尊师重道，尊师如尊天伦，习武之人以强身健体、除暴安良、防身自卫为目的。

恩师把毕生所学武艺，发扬光大，用自己的心血自绘、自写、自著武学心得。亲自抄录出了武当熊门唐手拳、七星活气功、太子罗汉拳、少林拳术单练、对打，器械单练、对练的手写本，为现代武术教学和传承做出了不可磨灭的宝贵贡献。

他为人宽厚，善于学习，能文能武，不骄不躁，平易近人，不以强欺弱，不高傲自大，不图名利。授徒以身示范，毫不保守，倾囊相授！

总之，恩师德高望重，文武合一，医术高明，是世之少有的武林高人。

恩师，弟子们永远铭记您、怀念您！

嫡传弟子：臧重光

2019年秋日于湖北天门胡市

序二

武林隐世，大道先觉

我的恩师孙祥官，又名孙先觉。生于1913年2月8日，湖北天门胡市人氏，门号孙广发，他还有个兄弟长叫孙长官。父母早逝。

孙祥官先生6岁时就随自家幺叔孙培青（当地武术名师）一起生活，孙培青师傅以传武为生，行走于江湖。孙祥官就随幺叔习武练功，主要学习了武当熊门功夫、七星活气功童子功、熊门总堂、二堂、三堂及四堂等拳术和多种器械。

10岁，孙祥官随兄长孙长安下武汉，在武汉开酒馆。有一次，他兄长带他街上游玩，见武汉国术馆里有人习武练功，他停步不走，对哥哥提出了要拜师习武的要求，馆中师傅见他机灵可爱、求学心切，是块习武之料，问他练过武术没有？他如实谈了随幺叔学武之事，师傅叫他演示了一下，见他有一定的武术基础，乐意收其为徒。从此，他就开始在武汉国术馆正式随名师习武练功。

在武汉国术馆，师傅教授他少林洪门拳术、武松脱拷拳、燕青拳法、洪门手、青龙手、金刚手、子午拳、六合手、地趟手、天堂手等各种拳术套路。刀、枪、剑、棍、鞭、锤、匕首、虎头钩、戟等单手器械及各种双手器械对练，洪门拳术对练等也一一学会，逐渐精通起来，还苦练了少林罗汉功、太子罗汉拳等少林门的功夫。几年下来，十八般武艺，他悉得师父尽心传授，样样皆通皆能。由于当时战乱，多年后他和兄长返回天门胡市老家，其兄继续在当地开酒馆。他又跟随其幺叔闯荡江湖，以卖艺行医求生。

当时，应城汤池有一位沈宏烈司令在此地疗养，他也是一位武术爱好者，曾遍访周边的应城、安陆、天门、京山、汉川的名师，还召集他们来汤池比武切磋！

这些师傅都是练武当熊门功夫为主的，沈司令的十八般兵器没有人能全部玩下来。孙祥官师傅在武汉国术馆勤奋习武多年，有名家传授尽得各兵器武艺之真谛，加上年轻气盛，就果断上场把所有兵器拿起来逐一演示，样样虎虎生风，功夫了得。其精湛的武艺，博得拳师们阵阵喝彩。沈司令当场赠送珍爱的虎头双钩、双刀各一对，以示对他的尚武精神与高超武艺的敬佩与嘉奖。由于孙师傅功夫出众，为人清澈亮堂，很多拳师们纷纷愿意和他结拜为兄弟，排行称之为幺老九。

汤池附近有个叫孙旦湾的人，与孙师傅同族就拜他为师，聘请他去该村收徒教武两年，接着又被京山王二岭村的邓李坊聘请去传授武术五年，培养了王怀轩、王老九等一批高徒，他们的武艺在当地都很有名。

接着他又被应城丁家坝屋咀一姓丁的人士请去教武，丁家是几千户的大户人家。地方有名望的武术师傅有丁魁、黄甲中两位师傅。去的当天就与两位师傅切磋武艺起来。丁、黄两位师傅展示了各自看家的拳艺，轮到孙师傅上场演示，他的一套地趟拳法高低蹿蹦、腾空翻打，如一团烈火熊熊燃烧，拳脚虎虎生威，踢打尘土飞扬，震惊了在场的人们！两位地方的武术师傅也深受震撼。孙师傅在此地教武达四年，培养了一大批优秀武术弟子。后来由于当地当时不准聘师习武，孙师傅停止了一段时间的教学活动。

1960 年，通过人们的介绍，他又被聘请到汉川“走步头”的钟家大湾教武两年，之后又被天门的吕巷楼子台聘请去教学武术两年有余。

1969 年，天门胡市公议大队的五队通过群众大会决定，又把孙师傅从其女婿家请接回来，授徒习武。武术班开学的那天，师傅一套天堂手、两栽锤、一倒栽演练下来，在胡木城家的“三户头”枯地上打出了三个洞，围观者无不瞠目结舌，叹为奇观，惊诧其神功绝技如此之高深精妙！至此师父在李院又开始授徒教武，业余闲暇还上山采草药，治病救人，行医多年。

1982 年他又被前台村、小孙湾村聘请去教武一年余。复在胡市、胡周湾教武一年多。

1985 年，又被汉川的彭家咀聘请去传授武艺一年。

1987 年，被天门楼子台聘请授徒，此批从学徒弟全都成学。

师父闲来空时常常找寻来笔墨纸砚，于孤灯夜下奋笔疾书，把平生所学所会之武功，自编、自绘，辑录于纸上，整理装订成册，赠送给门内各嫡传弟子，以承其学。其尚武之心可究，传武意志之坚定，天地光芒日月可鉴。

在楼子台，师傅已身患直肠癌，经多处医治无效，于当年冬月与世长辞，享年 74 岁。

孙师傅回天门教出有名望的弟子有：臧重光、胡柏树、程树标、涂三毛、丁发中、孙阳平、孙祥安、鲁四平、孙如泉、云祥兆、宋公平、周国祥、李又发、汪汉平、胡守安、熊如意、杨畅、杨四平、袁立志等。

为了将孙师傅武学发扬光大，造福社会，奉献大家，近年来孙师傅的门内弟子几经开会研究商讨，如今集体做出重要决定，将师傅所传所授、所绘所录之宝贵书稿和武功贡献出来，委托蒋剑先生整理公开出版于世，以正先师一辈子穷尽武学、传播武学、奉献武学之大德和夙愿！

期望该书的出版，能够让更多的人来研习孙祥官师傅所传所授的武当门内武功，达到强健体魄、维护健康贡献社会、传承武术精神之目的！则不负家师毕生之宏愿大志。

女婿：云其祥

外甥女：云凤姣

2019 年 9 月于湖北天门胡市

弘扬先辈宏愿大志，呈现古老武功秘法

（代前言）

蒋　剑

第一次到天门，看完一代武术宗师孙祥官先生嫡传弟子们的功夫，我感到震惊，并被感染了。

感动这些民间老师傅们还在练，还愿意传授他们师父的功夫。他们年龄都不小，功夫的确扎实，看来他们是苦过累过下过大功夫，是真正的武林传人。

那天午餐时，坐在我身边的臧重光和胡柏树两位师傅，朴实得就是个乡村的个老大爷，初次见面没感觉到他们有啥功夫的。可是饭后，他们 5 人乘兴轮番上演了一场功夫秀，顿时个个与众不同、非同凡响，拳脚厚实，令我惊讶。特别是 72 岁的胡柏树师傅，身强体壮，动如脱兔，哪像个 72 岁的老人？他就是本门的二师兄，据说现在还种着 40 亩农田呢。

回到武汉后没多久，孙祥官先生的嫡传大弟子臧重光先生给我寄来了他们师傅的近 20 本武学手抄本，文图并茂，实乃武学之宝贵资料，并给我寄来了授权委托书，委托我整理他们师傅的武学心血手抄本。研读孙祥官先生的武学笔记心得，我备受感动，决心要把孙祥官先生的武学研读好、整理好，奉献给天下武术爱好者，让孙祥官先生一辈子的武术追求精神和武术精华流传在人间。

夜以继日，挑灯夜战。

流传的武术手抄本，有的地方文字晦涩难懂，仔细反复念白，才明白先人要表达的意图。更多的是同音字，但根据文法用语则是别字，于今看来是通假字、同音字或有的为错字，只有反复读出声来，顿悟出来原来手抄所写是说的这个意思，内心一下惊喜起来，因为越到后面越能读明白这些文字的意思，于是又回过头来再更正自己在前面表达不准确之处，力求达到正确理解和准确解读好原文。

前几天在朋友圈中发出本书将要出版的消息后，很多武友对本书的出版非常赞同和力挺！有了很多好友的鼓励和对本书的渴望，我真做到了为本书少睡觉加快干活，感觉内心生喜，虽累犹荣。

11 月上旬特地抽时间到天门拍摄，完成全书配图拍照。回来对 2300 多张照片抓紧抠图，花了 20 天时间完成全部抠图。截至 12 月 12 日下午，才把书稿全部配图工作一一对应地完成好了，初步统计了下正文武术动作配图达 1836 张，俨然一部武学巨著。

千言万语，感谢孙祥官先生对武术的高度责任感和用心记录，感谢天门这些师傅们的慷慨心境，把他们师傅的宝贵武学奉献出来，也要感谢湖北科学技术出版社致力传播湖北武术，决定把孙祥官老人的武学出版出来。

身为武林人，同心同德，共努力、同奋斗，发扬光大真功夫！

2019 年冬月于武汉汤逊湖畔

（湖北省武当太极拳协会会长、中华二指禅传人）

目 录 CONTENTS

少林洪门及水浒门拳法篇

少林洪门武功概述

少林洪门武功，自明清公开以来在全国流传广泛。短短数百年历史之间，少林洪门也涌现了许多有影响力的拳术大家，杰出的代表性人物有民国时期的少林澄慧和尚，他精于洪门武功，授徒较多，培养的佼佼者无数，使得洪门功夫名满天下。

洪门武功，盖因功法简单，动作直观，实战实用直接，目的性很强大，加上它易学易练，又具有很强的健身功能及防身自卫之作用。故自洪门功夫在社会上公开传授后，它就深受广大的武术爱好者们喜爱，洪门武功也得以迅猛发展，传播面也越来越大，习者甚众，门徒也是遍及全国乃至世界各地。

孙祥官先生，不仅精于武当熊门的功夫，还从师学得一身少林洪门的好武功。他的洪门功夫主要是跟武汉国术馆的陆师傅学得的，后来受到少林澄慧大师的精心指点，技艺更是突飞猛进，武艺逐渐精湛起来。孙祥官先生在传授弟子们学功夫时，不仅要教他们武当熊门的功夫少林洪门的武功，而且还要教他们武术的跌打损伤救治等伤科医学知识。

少林洪门武功也很注重武术基础的锻炼，特别强调要先苦习武术基本功，习练少林洪门的十三太保气功、少林六合混元气功、少林太子罗汉功以及金钟罩、铁布衫、铁臂功、铁指功、铁掌功、铁腿功、点穴、轻身术的跑跳纵跃等软硬轻绝的功夫，再才开始练习洪门的拳法和器械及对练和实战等。

该武功融佛、道、武、医于一体，讲究能打能救，攻防兼备、软硬结合、打救结合、武医结合，故练功训练体系完备，朴实无华，实用性很强，在民间代代流传，延传于至今。

本书重点介绍了孙祥官先生所传授的洪门武功的主要拳法和器械，还收录了水浒门的一套拳法。因孙祥官先生不受门派所限，寻师访友，遍游名山大川，深谙各门派的拳功精华。

对于武术基础功夫以及气功等内容，各出版物已有涉猎，故本书不予以介绍。仅特将该门派的武术精华部分作以重点推出。精选的少林洪门拳法有五套，分别是：洪门 45 手拳法、洪门腾步长拳、六合天堂手拳法、洪门六合手拳法、青龙手拳法。把武松手拳法，作为水浒门拳法的精华予以呈现。

少林洪门武功，不仅练功方法和拳术套路众多，而且武术器械也是丰富多彩，可谓十八般兵器样样皆有，非常全面，还有暗器、药功等走江湖的护身法术等。在武术器械篇中，特地挑选了具有代表性的器械如黄龙出洞棍、洪门花枪、六合双刀破花枪对练、四喜头砍马腿双刀破花枪、大刀破锚枪、虎头双钩、斧钺、双锏、双匕首这九个典传套路，便于广大的武林同道来研习。

洪门 45 手拳法

洪门拳诀曰：
千手容易得，一手最难求。
哪怕千手熟，只怕一手毒。

本套洪门拳法属于少林门武功，又称洪门手，共 45 手。

手是两扇门，全凭腿打人。

洪门拳法也很重视腿法。在拳法中，腿法多挂腿、扫腿、踩脚、铲腿、劈腿、钻腿、圈腿、绷腿等。

1 洪门 45 手拳法拳谱

第一段

第一手：文武请手起势
第二手：将军抱印
第三手：腾步降龙伏虎拳
第四手：虚步端枪弓步二势冲拳
第五手：左右拍胸
第六手：单挂腿转身抓手
第七手：腾步端枪弓步冲拳
第八手：马步磕砍掌
第九手：拿抓洗锤
第十手：标手掌马步扎拳

第二段

第十一手：正扫倒扫腿
第十二手：右爪手单钻腿
第十三手：七星圈腿

第十四手：云手双扒
第十五手：右脚双劈腿
第十六手：独立弓步击拳
第十七手：端枪弓步冲拳
第十八手：转身二势冲拳

第三段

第十九手：腾步切掌
第二十手：浩步摇手
第二十一手：马步长虎掌
第二十二手：弓步扣拳
第二十三手：右手拍胁左钻腿
第二十四手：跳步双劈腿
第二十五手：怀中抱月
第二十六手：通天炮拳
第二十七手：挖拳铲腿
第二十八手：后回转身弹腿
第二十九手：弓步击拳
第三十手：虚丁步挂势绷腿

第四段

第三十一手：丢地剪腿
第三十二手：白鸡蹬窝
第三十三手：双叠掌
第三十四手：丁步挂势云手滚腿
第三十五手：沉身射腿
第三十六手：涉跳摆卧右弓步
第三十七手：马步刁掩手
第三十八手：扑地摔扫堂腿
第三十九手：旋风飞挂腿

第四十手：垫步马步顺拳

第四十一手：龙爪掩挂肘

第四十二手：弓步击拳

第四十三手：财神归位

第四十四手：端枪二势弓步冲拳

第四十五手：柳叶立掌

收势：文武请手

2 洪门 45 手拳法动作图解

第一段

第一手　文武请手起势

此动作配有八图，是洪门拳术的起手帽子，打拳先行礼，习武之人首重武德。过去武师在外公开展示自己的拳脚，都很注重礼节，这也是行走江湖的要义。有礼走遍天下，无礼寸难行。

两脚分开站立成八字形，两手叉腰。

向前文武请手行礼，双手胳膊撑圆平推，左手掌心盖住右手拳面。（图 1）

双手向前方上绕至头部两侧上方分开，然后分别落到两腰际成勾手。（图 2）

图1

图2

两手勾手变虎掌，从腰部平肩高向前立掌推出，双手胳膊相距一尺左右开度。（图3）

不停，双手虎掌变勾手分别向身体两侧后下方勾挂，目视正前方。（图4）

右脚原地不变，身体重心于右腿上，双手保持勾手不变。左脚屈膝上提，右勾手向后甩，左手屈臂立掌于左膝上方，目视正前方。（图5）

左脚落地成马步，双勾手向后甩体后。（图6）

图3

图4

图5

图6

目视正前方。（图 7）

两手向前文武请手，右手拳、左手掌。（图 8）

此拳是洪门洪拳的开拳请手。

第二手　将军抱印

洪拳帽子文武请手做完，站立姿势不变，双手成勾手向右肩前方平肩高处猛力重击，右手伸直、左手臂弯曲，左手勾手靠在右肩前下方，目视右勾手正前方。（图 9）

双手在身体正前方做云手圈打，俗称正云手。右手上、左手下，右手先动往上划圈，左手随后向下划圈，两手前后相随，分别各自划圆一圈云转。双手变拳，收于右腰边，拳心均朝上，目视前方。（图 10）

图7

图8

图9

图10

身体左转，同时左手拳撤到左腰际抱拳，两手拳心均朝上，目视左前方。（图 11）

右脚后跟铲地后稍提起，右脚向前半步左腿虚步点地左手仰掌向前格挡，右勾手屈臂提收于左肘内侧，目视下前方。（图 12）

第三手　腾步降龙伏虎拳

右脚向前腾空落地，左脚提起上前落成左弓步，同时左手成勾拳向左前方击拳，右手变拳从腰际向右边头后上架击拳，双手手臂均微弯屈，目视左拳前方。（图 13）

第四手　虚步端枪弓步二势冲拳

左脚后撤回收半步成左虚步。同时，左手拳向外划内圈手一圈后上挑拳，右手拳收落于右腰际，目视正前方。（图 14）

图11

图12

图13

图14

左脚上前成左弓步，同时左手拳收于左腰际，右手拳向身体正前方直拳冲打，目视右拳前方。（图 15）

第五手　左右拍胸

右拳变勾手向身体的右后下方勾挂，左手随之变掌拍击右边的将台穴上。目视左前方。（图 16）

左手掌变勾手向身体的左后下方勾挂，右勾手随之变掌向前、向左边的将台穴位拍击，目视正前方。（图 17）

第六手　单挂腿转身抓手

右手向身体右后下方勾挂，右脚向身体前上方绷起脚背面踢击，左手勾手变掌随之击拍右脚面，目视正前方。（图 18）

图15

图16

图17

图18

右脚不落屈膝提起，上体向左转体，左手屈臂立掌于右膝上方，目视前方。（图 19）

第七手　腾步端枪弓步冲拳

右脚落步下蹲于地，左脚上前成左虚步，右手由身体后下向身体正前上方、再向外撩抓后收于右腰际。同时，左手拳向前上挑成端枪势，目视正前方。（图 20）

左脚上前成左弓步，同时左手拳撤后收于左腰际，右手拳向前直打，目视右拳前方。（图 21）

第八手　马步磕砍掌

身体稍向右侧转成马步，同时左手向右肋下磕拳后再向左侧砍掌，右手屈臂回拉，后撤到右肩平高处贴于右乳前成拳，目视左掌前方。（图 22）

图19

图20

图21

图22

左脚回收半步成左虚步，同时左手向外探爪画圈一周后变拿爪，目视左前方。（图 23）

第九手　拿抓洗锤

左脚腾步提起落地，身体左转右脚上前一大步成马步，同时右手向前对膝前下方洗拳，左手掌贴靠于右肩前，目视右侧前方。（图 24）

第十手　标手掌马步扎拳

变成右弓步，同时左手掌向前仰掌格砍击打，右手回撤到右肩内侧成拳，目视左掌前方。（图 25）

右脚上前划圈一半步，左脚在后跟半步成马步，右拳向前直扎击打，左掌撤收贴于右肩前，目视前方。（图 26）

图23

图24

图25

图26

第二段

第十一手　正扫倒扫腿

右拳对右膝往下速甩，身体向左车转，左手变勾向左膝前下方勾挂，右手再变成掌贴靠在左肩前，目视左前方。（图 27）

左腿屈膝蹲下，双手向左前下方扶地，右腿成仆步贴地向前方做正扫腿，目视右侧前方。（图 28）

身体向右边转体一周，同时左脚保持仆腿姿势从背后贴地向后旋转倒半圆扫圈。（图 29）

第十二手　右爪手单钻腿

身体立起，左手向外一抓爪变勾手后下甩，左腿直立，随即右脚向体前上方绷起脚面踢击，右手掌击拍右脚背面，目视正前方。（图 30）

图27

图28

图29

图30

第十三手　七星圈腿

右腿屈膝上提，左脚独立，双手掌在头上方合掌双击响一次。（图 31）

右脚落地，左脚带腿跳起后撩踢，右手掌拍击左脚底部，左手侧掌分开屈臂上架于身体左侧上方，目视右侧前方。（图 32）

不停，身体稍向左转，左脚于空中不落复向左侧上方弹踢，左手拍击左脚背面一次，右掌上掀架于头右侧上方，目视左侧弹踢方向。（图 33）

左腿屈膝下落后再屈膝上提，右手掌拍击左边将台穴位，左勾手后甩落于身体左后下，目视左侧前方。（图 34）

图31

图32

图33

图34

身体继续保持右腿直立、左腿屈膝上提。不停，左手向身体左后下方再勾挂甩击，右手屈臂立掌落于左膝上方角膝，目视左侧前方。（图 35）

左脚向上涉跳后落地，同时身体向右转体、左脚跳起时右脚向上挂腿，左手击打右脚面一次，目视右脚挂腿上方。（图 36）

第十四手　云手双扒

右脚落地成右虚步，同时右手向上屈提在左手弯处，双手均成扒手，目视前方。（图 37）

第十五手　右脚双劈腿

左腿独立，右脚提起向前上方劈腿踢击，同时双手成掌拍击右脚背面，目视右劈腿上方。（图 38）

图35

图36

图37

图38

第十六手　独立弓步击拳

左脚独立，右脚空中下落后再屈膝上提，右拳砸压在右腿裆前，左拳向头左上方掀起屈臂上架摆击，目视右侧前方。（图 39）

右脚上前落地成右弓步，同时右拳向右前上方上挑击打，左手拳下落于身体左后下方，两手臂成倾斜一直线势态，目视右拳前方。（图 40）

第十七手　端枪弓步冲拳

右脚回收半步成右虚步，同时右手拳向外划弧上挑拳、右手臂屈肘端拳，左手拳收抱于左腰际，目视右拳前方。（图 41）

右脚上前成右弓步，同时右手拳撤收于右腰际，左手拳向前猛力冲击，目视左拳前方。（图 42）

图39

图40

图41

图42

第十八手　转身二势冲拳

身体左转一圈到正面，同时左脚成左虚步，左拳由下随身体左转体后向左前上方撩击，屈肘端拳成端枪姿势。右拳抱于右腰际不变，目视左拳前方。（图 43）

左脚上前一步成左弓步，同时左拳撤收于左腰际，右拳向身体正前方猛力直拳冲出击打，目视右拳前方。（图 44）

第三段

第十九手　腾步切掌

左脚收回屈膝上提，同时右手屈臂变掌往上掀成立掌，目视右掌前方。（图 45）

左膝微微上提发力顶击一次后跳步落地，左腿直立。不停，随即右腿屈膝上提，右手向下划掌切击落于左腋内侧，左手立掌屈臂上挑击掌，目视左掌前方。（图 46）

图43

图44

图45

图46

第二十手　浩步摇手

右脚上前落步成虚步，右手掌朝前方上掀挑撩，左手掌变勾手撤摆于身体左后下方，目视右掌前方。（图 47）

左脚上前一大步成虚步，随之左手掌屈臂从左体后下向身体前上方掀挑撩击，右手掌随之经过头上方向向身体右后下方勾挂摆甩，目视左掌前方。（图 48）

第二十一手　马步长虎掌

左脚上前一步成马步，同时右手虎掌变拳从右体后向身体前上方撩击，左手虎掌过头向左上方抡摆变拳后置于左侧前方，目视前方。（图 49）

第二十二手　弓步扣拳

右脚向前上步身体微微右转体成右弓步，同时左手变拳在身体左后向下抡摆于身体正前方扣拳，右手变勾后撤摆于身体右后下方，目视左拳前方。（图 50）

图47

图48

图49

图50

第二十三手　右手拍胁左钻腿

原步不变，左手变拳上掀右手掌拍击左边胁下，目视前方。（图 51）

右腿直立，右勾手下落，左脚绷紧脚面提起向前上方猛力踢击，左手拍击左脚背，击拍要声音响亮，手脚相合击打干净利索，钻腿快速有力，目视踢腿上方。（图 52）

第二十四手　跳步双劈腿

左脚在空中半落之际时微微上提发力跳起后下落，右腿腾空向前上方踢击，双手在右腿踢击空中的最高点处同时拍击右脚背面，目视正前上方。（图 53）

第二十五手　怀中抱月

左脚屈膝半蹲，右脚体前落地成右虚步，右手在上、左手于下挽正云手，左手屈臂在体前握拳，右拳握于怀中，目视左拳前方。（图 54）

图51

图52

图53

图54

第二十六手　通天炮拳

右脚上前成右弓步，同时右手拳在左手臂内穿出对敌面部冲拳击打，左拳回撤后摆于身体左侧后，双手臂成一斜线，右手高、左手低，目视右拳前方。（图 55）

第二十七手　挖拳铲腿

左脚用脚底根部擦地向正前方勾脚猛力蹬铲腿，同时左手拳由体后经头左上方再向前、向下抡拳砸摆，右拳回撤于右腰际，目视正前方。（图 56）

第二十八手　后回转身弹腿

身体向左转体一圈正面过来,左脚空中半落随转体后猛力向左侧前上方弹踢，力达脚尖，右拳抱于右腰际，左拳屈臂收抱于右胸前，目视前方。（图 57）

第二十九手　弓步击拳

左脚屈膝下落成左弓步，同时左手经裆下向前上方勾拳挑击打出，右拳后摆落于体右后，两手臂成一斜线，左手高右手低，目视左拳前方。（图 58）

图55

图56

图57

图58

第三十手　虚丁步挂势绷腿

右脚收回左脚内侧附近半步成丁字步，左手向下砸拳屈肘变勾落于左体后下方，右手掌向右上挂拳上架亮掌，目视前方。（图 59）

两手姿势不变，右脚蹬地、左脚向上绷腿猛力弹踢，目视前方。（图 60）

第四段

第三十一手　丢地剪腿

左脚上前落地一点发力，右脚提起，双腿腾空向左侧前方踢击，落地成剪腿，双手于身体右侧平扑于地，目视左侧上方。（图 61）

双手扑地发力，身体重心上提，双脚收起再向右侧腾空踢击，落地成剪腿，目视右侧前方。（图 62）

如此，左右各做一次腾空剪子腿，俗称“丢剪子”。

图59

图60

图61

图62

两脚再从右边收回，自然按落于裆前地面，目视前方。（图 63）

第三十二手　白鸡蹬窝

双手立撑扑地，两脚朝天蹬腿上举倒立。（图 64）

第三十三手　双叠掌

双脚向前翻滚由上落下，身体半蹲，双手扑地摔掌，目视双掌。（图 65）

身体立起从背后向右转体一周，随之右脚后撤随转体向右前方上一大步成右弓步，同时双手向右边叠掌打击，目视正前方。（图 66）

图63

图64

图65

图66

第三十四手　丁步挂势云手滚腿

左腿屈膝半蹲，身体重心左移于左腿上，右脚收回成丁字步，同时右勾手向体后勾挂，左掌上架于左侧头上方，目视右侧前方。（图 67）

身体重心落于右腿上后右腿直立起，右手上、左手下在体前上方击掌后，左脚向前上踢击，双掌再在左踢腿的最高处拍击左脚的脚背，目视前方。（图 68）

第三十五手　沉身射腿

身体左转，左脚下落地。右脚向左上一扣步后沉身下蹲伏，左手体后成勾挂手，右手在右侧头上方撑掌，目视左侧前方。（图 69）

身体沉身，双手姿势保持不变。右腿直立撑起，左脚屈膝提起后向体后猛力射脚倒蹬，目视左脚踢击后方。（图 70）

图67

图68

图69

图70

第三十六手　涉跳摆卧右弓步

上体右转，双手姿势不变，左脚回撤落地，左脚再向前落成虚步点地。（图 71）

第三十七手　马步刁掩手

接上动不停，右脚接着上前一大步成右弓步，右掌屈臂上架，左勾手落于体后，回头观身体左后方。（图 72）

双脚微跳起后，落地成马步，同时左手屈肘上刁掩掌，右掌屈肘贴靠于左大臂内侧，目视左掌前方。（图 73）

第三十八手　扑地摔扫堂腿

双手向左边伏地下扑，右腿仆腿随身体向左旋转贴地扫腿一周，名之扫堂腿，目视右侧前下方。（图 74）

图71

图72

图73

图74

第三十九手　旋风飞挂腿

左脚提起向体后撩踢，成顺风扯旗姿势，右拳和左拳自然摆向正前方，目视右侧前下方。（图 75）

身体向左转体涉跳起来，左脚落地，右腿向左侧上方片马滚挂腿踢击，在右腿踢击的最高点时，左掌拍击右脚内侧处，右手自然于体后摆落。目视右踢腿。（图 76）

此动，就是通称的旋风脚，民间拳师习惯称之为片马腿。

第四十手　垫步马步顺拳

左腿直立，右腿屈膝上提，左手屈肘握拳拐落于右膝上，右手拳收抱于右腰际，目视正前方。（图 77）

右脚上前落步成马步，右拳向前猛力直击，左手拳屈肘回拉撤收于左侧腰际，目视身体右侧前方。（图 78）

图75

图76

图77

图78

第四十一手　龙爪掩挂肘

身体向左侧微转成左弓步，同时右手掌向左边上方掩掌砍击，左手收于左腰际，目视左侧前方。（图 79）

身体右转，右脚微提落地成马步时，右手屈肘回身顶肘，右拳心向下左掌立于右肩前的右拳面上成立掌，目视顶肘前方。（图 80）

第四十二手　弓步击拳

左腿直立、右腿屈膝上提成独立势，右拳下压在裆前，左拳屈臂上掀架于头左上方，目视右侧前方。（图 81）

右脚上前落地成弓步，同时右手拳向前挥击，左拳后甩于左体后下，目视右拳前方。（图 82）

图79

图80

图81

图82

第四十三手　财神归位

身体右后转时右脚后撤一步，右腿屈膝半蹲身体重心落于右腿上成左虚步，同时右手拳由前上、往下随右撤步抡绕一圈后屈臂架拳于头右边后上方，左手拳往上抡绕一圈后下落于左膝上面附近，目视左侧前方。（图 83）

此动，现在通俗称为“虚步掩拳”，民间拳师俗称为“财神归位”。

第四十四手　端枪二势弓步冲拳

身体保持左虚步不变，左手拳向上屈肘外挑格挡拳，右拳下落收抱于右腰际，目视前方。（图 84）

左脚上前一步成左弓步，同时右拳向前猛力冲拳击打，左拳撤收于左腰际，目视右拳正前方。（图 85）

第四十五手　柳叶立掌

右手掌向下压于裆前，身体重心在左脚，左抱拳变掌随之下压挡前。右脚在体后撩起，目视前方。（图 86）

图83

图84

图85

图86

右脚于体后落地屈膝半蹲，身体重心落在右脚上，左脚提起下落成左虚步，同时右手向前一抓后抡绕再向体后勾挂甩击成勾手，左手立掌向前推掌击打，目视左侧前方。（图 87）

收势：文武请手

原步不变，身体右转，左手变勾向身体左后下方勾挂，目视前方。（图 88）

双手屈肘合于体前文武请手，左掌盖在右拳面上，目视正前方。（图 89）

双手变拳撑成一字长拳，目视前方。（图 90）

图87

图88

图89

图90

左拳下压在裆前，右拳屈臂上架于头右上方，右腿直立，左腿向左前上方一个绷腿飞踢。（图 91）

左腿收于右脚并拢收势，完毕开走。（图 92）

图91

图92

（演练：胡柏树）

洪门腾步长拳

此拳属于少林门武功，是洪门拳门内的腾步长拳。

1 洪门腾步长拳拳谱：

第一手：帽子起势

第二手：马步压裆

第三手：弓步十字拳

第四手：马步压肘

第五手：弓步十字拳

第六手：左右换步挂腿

第七手：马步顺拳

第八手：端枪拗步冲拳（右势）

第九手：端枪拗步冲拳（左势）

第十手：右顶膝双手后勾挂

第十一手：马步双手猫耳洗脸

第十二手：双分长劈掌

第十三手：腾步长手虎掌

第十四手：腾步马步右手长虎掌

第十五手：转身拿手

第十六手：腾步挖拳

第十七手：回身长击拳

第十八手：卧势弓步击拳

第十九手：挖拳卧势击拳

第二十手：右端枪拗步二势冲拳

第二十一手：转身虚步弓步冲拳

第二十二手：右上翻马步长手挖扣拳

第二十三手：下翻栽花拳

第二十四手：蹲步通天炮

第二十五手：虚步柳叶掌

第二十六手：腾步扣拳

第二十七手：回身后跪膝

第二十八手：双推掌

第二十九手：正挂势

第三十手：屈膝甩腿

第三十一手：端枪冲拳

第三十二手：右弓步左冲拳

第三十三手：转身端枪

第三十四手：左弓步右冲拳

第三十五手：虚步柳叶掌

第三十六手：文武请手收势

2 洪门腾步长拳动作图解与说明

第一手　帽子起势

并步直立。

神定，心安，体松，精神贯注，没有杂念再开拳。

起手，两脚分开站成外八字形。两手握拳贴于身体的两边腰际。（图1）

身体稍向左转右腿屈膝上提，左脚直立，两手握拳于腰际不变，目平视左前方。（图2）

图1

图2

第二手　马步压裆

右脚腾空上前铲步落地，左脚上前成马步，两拳由腰部下压于裆前。双眼平视正前方。（图 3）

第三手　弓步十字拳

右脚上提向前，身体向右侧转成右弓步，同时双拳分开再身体两侧撑开成十字长拳势。目视右侧前方。（图 4）

第四手　马步压肘

双臂屈肘于胸前上举，两手臂相距与同肩宽，双手拳心朝下，拳面朝上，目平视正前方。

双手大小臂各自相贴夹紧，身体向左转，双腿屈膝成马步，目平视正前方。（图 5）

第五手　弓步十字拳

右脚微微提起向右前方上步成右弓步，同时两手臂分开侧撑冲拳击打，成十字长拳，右拳略低于肩高，左拳略高于肩部。目视右侧前方。（图 6）

图3

图4

图5

图6

第六手　左右换步挂腿

先左手向前再后下甩，右手向前抡甩后下一圈，右手拍打左脚挂腿背面，目视拍脚上方。（图 7）

左脚落地，右脚跳起，左手拍打右脚挂腿脚背，目视拍脚上方。（图 8）

第七手　马步顺拳

右脚前落成虚步，左肘屈臂向右格挡成拳心朝外，左手拳面向上成立拳，左肘尖落在右膝上方。右手收于右腰际，目视左拳前方。（图 9）

右脚向右侧前方上步成马步，同时左拳撤手到左边将台上，右拳向前伸直击打，目视右拳前方。（图 10）

图7

图8

图9

图10

第八手　端枪拗步冲拳（右势）

右脚回收半步成右虚步后再向前成马步，右手向外屈肘上挑格挡于体前，左手拳收于左腰际。目视右拳前方。（图 11）

右脚上前一步成右弓步，同时左手拳向前伸直击打，右拳收于右腰际，目视左拳正前方。（图 12）

第九手　端枪拗步冲拳（左势）

身体向左转体，左脚回收半步成左虚步，左手向外屈肘上挑格挡于体前，左手端拳，右手拳收于右腰际。目视左拳前方。（图 13）

左脚上前一步成左弓步，同时右手拳向前伸直击打，左拳收下左腰际，目视右拳正前方。（图 14）

图11

图12

图13

图14

第十手　右顶膝双手后勾挂

右脚屈膝提起，同时两手在右膝前从上往下甩挂到身体后下方成勾手，目视身体的正前方。（图 15）

第十一手　马步双手猫耳洗脸

右脚上前落地成马步，身体向左转体，同时两手从身后下向面前向下屈臂双抓如猫耳洗脸，双手再成勾手，目视身体前方。（图 16）

第十二手　双分长劈掌

右脚上提落步，同时双手下压于裆前，再两手侧撑成长手劈掌。目视右侧前方。（图 17）

第十三手　腾步长手虎掌

右脚腾步提起向右转体而成马步，同时双手变虎掌，右手虎爪撤于身体右后，左手成虎掌向前推击。目视左手前方。（图 18）

图15

图16

图17

图18

第十四手　腾步马步右手长虎掌

左脚收回提起，腾步跳换右脚上前成马步，左手虎掌向后抓，右手虎掌向前推击。目视右手前方。（图 19）

第十五手　转身拿手

身体向左转体成左虚步，同时右手向前探抓后变勾后甩，左手从右手臂内穿出向前抓拿。目视左手前方。（图 20）

第十六手　腾步挖拳

右脚提起腾步跳换上前，左脚再上前成左弓步。同时，右手向前挖拳，左拳收于胸腹前，目视右拳前方。（图 21）

第十七手　回身长击拳

身体向右转，提右脚落步成马步。同时双手拳分开扳击成一字长拳。目视右拳前方。（图 22）

图19

图20

图21

图22

第十八手　卧势弓步击拳

身体向右卧成右弓步，左拳向前裆下压后于体左后下方勾手后挂，右手拳向上贯拳屈臂架起。（图 23）

身体左转变成左弓步，左手向前扳拳，右拳向上再向下后甩，目视左拳前方。（图 24）

第十九手　挖拳卧势击拳

右脚上前一步，身体左转。同时右手拳从右后向前向上挖拳压于裆前，左拳由前上往下到头左上方成贯拳势。（图 25）

身体右转时右脚提起上前一步成右弓步，同时右拳后甩下翻向前上方扳拳，左拳变勾手甩落于后下，目视右拳前方。（图 26）

图23

图24

图25

图26

第二十手　右端枪拗步二势冲拳

右脚回收成右虚步，右拳向外上挑变端枪势，左手变拳收抱于腰际，目视右手前方。（图 27）

右脚上前成右弓步，同时左拳从腰际向前直冲拳击打，右拳收抱于右腰际，目视左拳前方。（图 28）

第二十一手　转身虚步弓步冲拳

身体向左转过来成左虚步，同时左拳由前上向下弯绕到前面成端拳。（图 29）

第二十二手　右上翻马步长手挖扣拳

照前势，右手向前拗步冲拳，目视右拳前方。（图 30）

图27

图28

图29

图30

右脚上前成马步，同时右拳朝上翻摇成十字长拳势双扣拳，目视右手前方。（图 31）

第二十三手　下翻栽花拳

左脚收到右脚边成半蹲步，同时右拳往下栽拳。左掌收按于右肩前。目视右侧前方。（图 32）

第二十四手　蹲步通天炮

双脚蹲步品字站立起身直立。同时，右拳朝上直臂冲拳，左手收于右肋下，目视左侧前方。（图 33）

第二十五手　虚步柳叶掌

右脚上前落跳，左脚上前点地成左虚步，左掌向前推击，右勾手甩于身体后下，目视左掌前方。（图 34）

图31

图32

图33

图34

第二十六手　腾步扣拳

右脚上前盖步跳起，左脚上前落步成左弓步。右拳向前扣拳勾击，左拳贴靠于右胳膊上，目视右拳前方。（图 35）

第二十七手　回身后跪膝

身体右转，右腿屈膝上提的同时，双手从右膝前向后勾手下甩。目视正前方。（图 36）

双手抱拳收于两腰际，目视正前方。（图 37）

第二十八手　双推掌

右脚上前落成右弓步，同时双虎掌向前直臂推击，目视掌前方。（图 38）

图35

图36

图37

图38

第二十九手　正挂势

身体向左转体，左勾手勾挂后甩，右掌向上屈臂贯掌亮架上撑成正挂势，目视左侧前方。（图 39）

第三十手　屈膝甩腿

左腿屈膝提起，左勾手后甩。右手屈肘立掌，肘尖落在左膝上方，目视右掌前方。（图 40）

左脚下落立地，右脚向前半扫腿后成右虚步，同时左勾手甩于身体后下，右掌向前上挑掌。目视右掌前方。（图 41）

第三十一手　端枪冲拳

右虚步不变，右拳向前屈肘挑拳成端枪势，左拳收抱于左腰际，目视右拳前方。（图 42）

图39

图40

图41

图42

第三十二手　右弓步左冲拳

右脚上前落步成右弓步，冲左拳，右拳后撤收于右腰际，目视左拳前方。（图 43）

第三十三手　转身端枪

身体左转体成左虚步，左臂屈肘向左前上挑成端枪势，右拳收抱于右腰际，目视左拳前方。（图 44）

第三十四手　左弓步右冲拳

左脚上前落步成左弓步，冲右拳，左拳后撤收于左腰际，目视右拳前方。（图 45）

第三十五手　虚步柳叶掌

右脚上前一步，右手往下压于裆前变勾手，双手成勾手向体后勾挂，左脚提起后上撩。目视正前方。（图 46）

图43

图44

图45

图46

左脚向前落步成左虚步，左手成柳叶掌向前推出，右手向身体右后下勾挂，目视左掌前方。（图 47）

第三十六手　文武请手收势

双脚原步不动。左手再向后勾挂甩下，目视身体前方。（图 48）

左手变掌、右手变拳合抱于体前，右拳拳心朝下，左手掌盖住右拳拳面，成文武请手抱拳礼，目视身体正前方。（图 49）

文武请手正面图。（图 50）

双脚并拢，身体直立。(图 51)

收势。

图47

图48

图49

图50

图51

（演练：孙祥安）

六合天堂手拳法

该拳共有 63 手，技法丰富，手法多变，腿法多跌扫和地面滚翻变化等，难度较大。

第一手　文武请手起势

两脚品站，分开一尺左右。双胳膊向前稍弯曲，左手掌盖在右拳面上，目视前方。（图 1）

身体右后转，右脚后撤成开步，头向右车转，右胳膊直臂右摆在右边，高于肩平成勾手，左掌贴靠在右大臂前，目视右前方。（图 2）

第二手　将军抱印

双手挽正云手，右拳收抱于右腰际，向左转体，左拳抱于左腰际，目视左前方。（图 3）

第三手　腾步降虎锤

右脚向前蹬跳，左脚上前成左弓步，双拳向前贯打，左手屈臂前勾上冲拳，右拳贯架于头右后上方，目视左前方。（图 4）

图1

图2

图3

图4

第四手　端枪拳

左脚收成左虚步，同时，右手抓爪后收于右腰际，左拳屈臂向左边划弧上挑格挡成端枪势，目视左拳前方。（图 5）

第五手　拗步二势拳

左脚上前成左弓步，同时，左拳收撤于左腰际，右拳直臂向前冲击，目视前方。（图 6）

第六手　虚步挂龙

重心落于右腿半蹲，左脚收成左虚步，左手向前接爪下甩，右掌向右后头上方屈臂成撑掌，目视左前方。（图 7）

第七手　提膝反云手

左腿独立，右脚屈膝上提，双手挽反云手，左手在上、右手在下，怀抱反击，目视前方。（图 8）

图5

图6

图7

图8

第八手　右挂滚腿

左脚落下独立，右腿向体前上方摆腿滚挂踢出，双手掌拍击右脚背面，目视前上方。（图 9）

第九手　提膝正云手

右脚收回屈膝上提，右手在上、左手在下，挽正云手，目视前方。（图 10）

第十手　左滚挂腿

右脚落地，左脚滚挂腿向体前上方踢击，双手拍击左脚背面，目视前方。（图 11）

第十一手　沉身观势

左脚收回落地，身体下沉屈膝成弓步，双手合拢后分开，左手甩落于体前下方，右手向右后上方架撑掌，目视左侧前方。（图 12）

图9

图10

图11

图12

第十二手　左射腿

沉身微微立起，右腿支撑身体，左脚向左侧前上方射腿猛力踢击，目视左侧方。（图 13）

第十三手　怀抱月丢滚

身体右转，双手向怀中一抱，回头准备“丢滚子”，目视前方。（图 14）

第十四手　地滚子

身体左肩向前落地抢背，双脚朝上蹬地团身滚翻。（图 15）

第十五手　翻身扑地

团身滚翻过来，双脚落地半蹲伏着，双手扑地，目视左侧前方。（图 16）

图13

图14

图15

图16

第十六手　金鸡独立

右腿独立，左脚屈膝上提，身体直立，左勾手后甩于体左后下，右掌架于头右后上方，目视左侧前方。（图 17）

第十七手　扑地偷梁换柱

左脚落地，双手在右侧扑地，右脚在双手扑地前勾脚直腿贴地向前扫腿一圈，目视前方。(图 18)

双手撑地，左脚稍往上提，右脚经过左脚向前扫腿一圈，目视前方。（图 19）

第十八手　压裆独立

左腿独立，右脚屈膝收回提起，右拳下压于裆前，左拳在头左后上方架拳，目视右前方。（图 20）

图17

图18

图19

图20

第十九手　扳拳

右脚向前落地成右弓步，同时，右拳向前扳拳打出，左拳摆于体左后，目视前方。（图 21）

第二十手　虚步挂势

左腿屈膝半蹲，右脚屈膝收半步，含裆。右手变勾手朝右膝后下勾甩，左掌向头左上方撑掌，目视右前方。（图 22）

第二十一手　左挂腿

右脚落地独立，左脚向前上方滚挂腿踢击，双手挽正云手，右手在上、左手在下，目视前方。（图 23）

第二十二手　虚步甩观挂势

右腿屈膝半蹲，左脚落地成左虚步，双腿含裆。

左勾手甩落于左腿前下，右掌朝头右上方撑掌，目视左侧前方。（图 24）

图21

图22

图23

图24

第二十三手　独立剁腿

右腿独立，左脚向前上方剁腿踢击，左勾手甩于体左后下，右掌撑于头右上方，目视前方。（图 25）

第二十四手　虚步挂势

右腿直立，左腿屈膝上提，左手与右手姿势不变，目视左侧前方。（图 26）

第二十五手　金甲地剪腿

身体腾空，双脚涉步跳起，双脚落地后向前一个剪腿后再跳起，向前再来个剪腿，双手扑地下按，右腿在左腿上，成钳口势，目视前方。（图 27）

第二十六手　白鸡蹬高

两手伏地，双脚收回下蹲，目视左侧前方。（图 28）

图25

图26

图27

图28

两手扑地，双脚朝上一蹬倒立起来，头微上抬。（图 29）

第二十七手　落地双甩

身体团身而起双脚落地沉身半蹲伏，双手往左下边猛力力甩砸拳，目视右侧前方。（图 30）

第二十八手　双贴掌

右脚上前成右弓步，双手虎掌向右边贴掌推击，右手在上、左手在下，目视右侧前方。（图 31）

第二十九手　浪里摸沙

身体后卧成右仆步，双掌下压于裆前，目视前方。（图 32）

图29

图30

图31

图32

第三十手　卧势拳

上体左转回头后看，双腿卧成左仆步，左拳向裆前压拳，右拳上掀架于头右后上方，目视左侧前方。（图 33）

第三十一手　迎门双贴掌

左脚上前成左弓步，双手变虎掌向左边贴掌摆击，左手在上、右手在下，目视左侧前方。（图 34）

第三十二手　扑地正扫腿

双手扶地，右脚上前成右仆步扫腿。（图 35）

第三十三手　扑地倒扫腿

双手扶地，左脚从背后成左仆步倒扫腿。（图 36）

图33

图34

图35

图36

第三十四手　擒拿爪手

收左步成半跪步，左手向前抓拿，右手甩于体右后下方，目视前方。（图 37）

第三十五手　栽花拳

身体左转，右脚上前成弓步，左手前抓，右手在体前向右膝下栽拳，左掌贴靠在右肩前，目视前方。（图 38）

第三十六手　滚挂腿

左脚涉步跳起落地直立，右脚滚挂腿向上方踢起，左手拍击右脚背面，目视前方。（图 39）

第三十七手　正云手

右脚屈膝收回上提，右手在上、左手在下合抱于体前，挽一正云手，目视前方。（图 40）

图37

图38

图39

图40

第三十八手　左挂腿

左脚向体前上方滚挂腿踢击，双手挽云手后拍击左脚背面，目视前方。（图 41）

第三十九手　沉身挂势

身体左转，左脚落地沉身成弓步，右勾手甩于右体下，左手朝上撑架亮掌，目视左侧前方。（图 42）

第四十手　射腿

身体右转，右腿独立，左脚向左上方射腿，目视左腿踢击方向。（图 43）

第四十一手　怀抱

上体右转，回头双手合抱于怀中，左腿后撩，目视前方。（图 44）

图41

图42

图43

图44

第四十二手　丢滚子

右肩上前团身着地抢背滚翻，身体向前丢滚子。（图 45）

双脚前滚翻后落地立起，身体沉身半蹲，双手扑地，目视前方。（图 46）

第四十三手　金鸡独立

身体右转立起，右脚独立，左脚屈膝上提，左手成掌按压在左膝后下，右掌撑架于体右侧上方，目视前方。（图 47）

第四十四手　扑地偷梁

双手向右下扑地，右脚勾脚贴地直腿向前扫腿一圈，目视前方。（图 48）

图45

图46

图47

图48

第四十五手　偷梁换柱扫堂腿

左脚上一步，双手伏地，右脚上前成右仆步，右脚扫腿一圆圈，目视前方。（图 49）

第四十六手　倒扫腿

身体向左转，前卧成左腿仆地，左脚从背后贴地倒扫腿一圈，目视前方。（图 50）

第四十七手　右挂滚腿

左脚收于右脚旁后身体直立，左手在上、右手在下挽反云手，同时右脚提起来向前上方打滚挂腿，双手拍击右脚背，目视前方。（图 51）

第四十八手　独立卧

左腿独立，右脚屈膝收回上提，右拳下压于裆前，左拳上掀架于体左头后上方，目视右前方。（图 52）

图49

图50

图51

图52

第四十九手　扳拳

右脚上前落步成右弓步，右手向前扳拳冲击，左拳甩于体左后下，目视前方。（图 53）

第五十手　翻叉势

上体左转，双手掌分开。（图 54）

身体侧身双手上前分次落地，双脚分腿朝上侧翻。（图 55）

第五十一手　提膝掀掌

身体侧翻过来后双脚分次落地立起，右脚独立，左脚屈膝上提，右掌向前立掌上挑掀起，左掌变勾手甩落于体后，目视前方。（图 56）

图53

图54

图55

图56

第五十二手　白蛇吐剑

身体向前涉步腾跳，双手撑地，两脚勾脚并拢前蹬踢击，目视前方。（图 57）

第五十三手　翻倒蹄

身体往后一倒，两脚朝天蹬起身体团身后滚翻，同时双手随后翻撑起。（图 58）

第五十四手　金蝉扑水

身体翻滚过来后，两臂伸直双手扑地，双腿挺直，目视前方。（图 59）

第五十五手　蛤蟆跳

双手与两腿扑地，向前涉步腾跳不停，连续跳三次。（图 60）

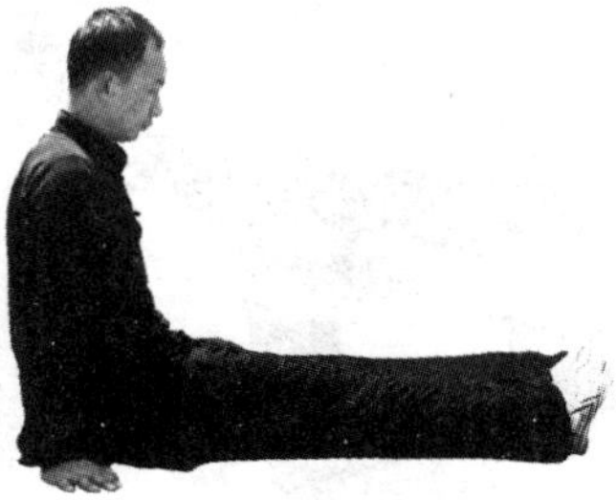

图57

图58

图59

图60

第五十六手　丢地剪

两手扶地，身体腾空双脚向前蹬踢，丢剪腿，目视前方。（图 61）

第五十七手　绞麻花天夹剪

右脚向左剪腿，双手挽正云手。（图 62）

身体肩部着地为支撑点滚旋，两脚朝天上绞腿。（图 63）

第五十八手　地剪腿

双手落地扶地，双脚向前夹腿蹬踢。（图 64）

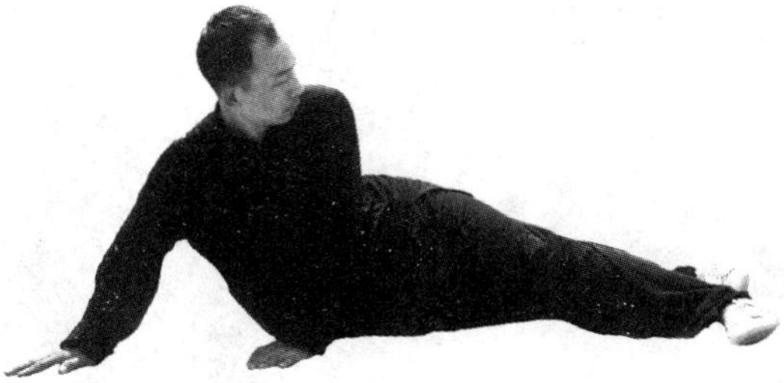

图61

图62

图63

图64

第五十九手　连滚天花绞腿

右腿悬空旋翻，两手旋转扶地。（图 65）

双手云手分开，肩部着地连滚，两脚朝天连续绞腿。（图 66）

第六十手　栽拳

两脚落地收回成弓步，身体半蹲，右拳往下栽拳，左掌立于右肩前，目视左侧前方。（图 67）

第六十一手　右挂腿

身体涉跳起来，左脚蹬地，跳起后下落，左腿直立，右脚腾空向前上方挂腿踢击，左手拍击右脚背面，右勾手后甩落于身体右后下方，目视前方。（图 68）

图65

图66

图67

图68

第六十二手　开弓拳

右脚落地后撤转身成右弓步，两手合拢后再分开，右手收抱于右腰际，左手从左腰际向前冲拳，目视前方。（图 69）

右腿独立，左拳下压于裆前，左脚向前上方射腿踢击，右拳上掀架于头右后上方。(图 70)

第六十三手

身体左转成左虚步，双手做一次文武请手。（图 71）

左脚落地与右脚品字站，双手垂于身体两侧。（图 72）

收势。

图69

图70

图71

图72

（演练：刘涛）

洪门六合手拳

该拳法共 76 手，套路较长，运动量和难度较前面拳法明显增强，对提高学习者的身体运动素质和拳法水平有显著的作用。

1 洪门六合手拳帽子起势

两脚开步品站八字形，双手叉腰，眼向前观。（图 1）

原步不变,双手左掌右拳向前合抱,左掌盖在右拳面上做文武请手。(图 2）

两手往上分开收到两边腰际抱拳。（图 3）

原步不变，两手从腰部变虎掌向前推出，目视前方。（图 4）

图1

图2

图3

图4

原步不变，双手变勾手向身体后方勾挂。（图 5）

右腿独立，左腿屈膝上提起，原步勾手姿势不变。（图 6）

左脚上前落地成马步。（图 7）

左腿独立，右腿收回屈膝提起后落地，身体立起，双脚成开步，目视前方。（图 8）

图5

图6

图7

图8

2 洪门六合手拳图解

第一手　文武请手

两手向前请手，左手掌、右手拳，向前抱拳行礼，左掌盖在右拳面上，目视前方。（图 9）

双手向右肩平高侧击，右手成勾手，左掌立于右肩前，目视右前方。（图 10）

第二手　双抱掌

双手挽正云手，同时，右脚提起落地独立，随之左脚屈膝提起，目视左前方。（图 11）

第三手　正挂势

左脚落地成马步，手左下甩按于左腿体外的后下方，右手屈臂往上一翻，朝天撑掌，目视左侧前方。（图 12）

图9

图10

图11

图12

第四手　擒拿爪

右手变勾向前一抓后撤到身体右后下方，左脚撤半步成左虚步，左手由右手臂内上前穿出成擒拿爪，左手臂微弯曲，探爪向前，目视前方。（图 13）

第五手　劈掌

左脚提起上前落地成左弓步，左勾手后撤摆于身体左侧体后下方，右手上提向前劈掌，目视前方。（图 14）

第六手　怀抱

左脚退步成右虚步，再右腿直立左腿后撩踢起，双手于胸中交叉合抱，身体往前下低头一沉，目视前方。（图 15）

第七手　滚子

身体下蹲，低头团身，右肩上前着地，再背部着地身体向前滚翻。（图 16）

图13

图14

图15

图16

第八手　沉身扑掌

身体翻滚过来后，双脚分开落地半蹲成弓步，双掌落地扑按，目视前方。（图 17）

第九手　地夹剪

双手着地，身体侧身，两脚蹬地腾空涉起向左侧蹬击，两腿足稍分开一尺，目视前方。（图 18）

第十手　收剪

双手下按，双脚收回成马步，目视前方。（图 19）

第十一手　左绷腿

身体立起，右腿半蹲成左虚步，左拳压于裆前，右拳朝身体右上后方屈臂架拳，左脚向前绷腿弹击后屈膝落成虚步，目视前方。（图 20）

图17

图18

图19

图20

第十二手　扳拳

左脚上前落地成左弓步，右拳后撤摆于身体右侧后下方，左拳上前扳拳打击，目视前方。（图 21）

第十三手　燕子衔泥

挽正云手，身体向左稍扭转，右脚上步贴靠在左腿膝内，右臂弯曲向前提打，左手成勾手后摆于身体左后方，目视前方。（图 22）

第十四手　标手锁喉

原步不变，右手仰掌向前一标手，亦可上前来一个锁喉手，左手不变，目视前方。（图 23）

第十五手　十字拗挂腿

右勾手后甩，右脚向体前上方挂腿踢击，左手拍击右脚背，打一单挂腿，目视前方。（图 24）

图21

图22

图23

图24

第十六手　挂势迷膝

右脚于体前落地成虚步，右手下甩勾挂于右膝侧旁，左手往上屈臂撑掌于身体左侧头后上方，目视正前方。（图 25）

第十七手　反云手燕子衔泥

挽云手，身体稍向右扭转，左腿扭于右腿膝窝内沉下，左手向前屈臂在左脸前方勾顶打击，右手成勾手于身体右后，稍高于右肩上方，目视前方。（图 26）

第十八手　锁喉擒拿手

身体立起，左手向前叉掌锁喉后翻过来变擒拿爪手，右勾手不变，目视前方。（图 27）

第十九手　左挂腿

右腿独立，左脚向前上方挂腿踢击，右手从体后向前抡臂拍击左脚背面，左手成勾手后甩于身体左侧后下方，目视前方。（图 28）

图25

图26

图27

图28

第二十手　降虎拳

左脚后撤落地成马步，右手向前出拳击打，左手屈臂上架拳，目视前方。（图 29）

第二十一手　端枪拳势

身体右转，左脚向成左虚步，左手屈臂向左挽挑端拳，右拳收于右腰际，目视前方。（图 30）

第二十二手　二势拳

左脚上前成左弓步，右拳从右腰际向前直拳冲击，左拳收撤于左腰际，目视前方。（图 31）

第二十三手　扳拳

右脚上提，身体右转右脚落地成右弓步，同时右拳向前扳拳打击，左拳后撤于身体左侧后下方，目视前方。（图 32）

图29

图30

图31

图32

第二十四手　拗步左拍胸

左脚在右脚前上成虚步，同时左手拍击胸部右将台穴，右勾手后甩于身体右后下方，目视正前方。（图 33）

第二十五手　右拍胸

原步不变，左勾手甩在左腿下方，右手拍击胸部的左将台穴位，目视前方。（图 34）

第二十六手　右单挂腿

左腿独立，右腿向前挂腿踢击，左手拍击右脚背面，右手成勾手向后甩摆于身体右侧后下方，目视前方。（图 35）

第二十七手　倒步摇手

右脚收落于左脚前成虚步，双手摇动，右手往下压拳后变勾手，左手往上翻架拳，目视左后方。（图 36）

图33

图34

图35

图36

第二十八手　醉步倒退摇手

左脚向前上步成左弓步，两手摇动时，右手往下压拳，左手往上掀翻架拳后变勾手后挂，目视右后方。（图 37）

第二十九手　扳拳

身体右转，回头右手向前扳拳打击，左拳后摆甩于身体左侧后下方，目视前方。（图 38）

第三十手　单扣拳

原步不变，用左手从后向前扣拳击打，右手后撤落于右腰际，目视前方。（图 39）

第三十一手　磕拳

右手上前屈臂摆扣击拳，左手再向下磕拳上领。左手后撤于身体左侧后下方，目视前方。（图 40）

图37

图38

图39

图40

第三十二手　栽花拳

左脚收到右脚后震步下落成马步，同时双手顺摇挽花，右拳向下栽拳，左拳靠于右肩前上，目视右侧前方。（图 41）

第三十三手　旋风右挂腿

身体左转屈提左脚上顶，右腿独立，右勾手于体后，左手屈臂立掌前推。（图 42）

第三十四手　旋风挂腿

左脚落地涉步跳起，身体腾空向左旋风脚转体翻踢，左手在空中拍击右脚背，目视前方。（图 43）

第三十五手　开天手

左腿独立，右脚收回屈膝上提，双手于体前相交往合架，目视前方。（图 44）

图41

图42

图43

图44

第三十六手　白马分鬃

右脚腾涉落地独立，左腿屈膝上提，两手同时分开侧撑后挽到身体两边腰际抱拳，目视前方。（图 45）

第三十七手　双扣拳

左脚前落成左弓步，双手拳向前扣拳击打，目视前方。（图 46）

第三十八手　反云双抱

左脚上前一步向左转体成马步，同时两手挽反云手抱按于裆前下，目视前方。（图 47）

第三十九手　压裆提脚

身体右转，左腿独立，右脚提起，双手不变，目视前方。（图 48）

图45

图46

图47

图48

第四十手　劈长掌

右脚落地成马步，双手分开劈长掌，两臂撑开成一直线，双掌均为立掌指尖向上，掌心朝体外，目视前方。（图 49）

第四十一手　单扣拳

右脚上前成右弓步，左拳从体后向前扣拳，右拳后甩于右腰际，目视前方。（图 50）

第四十二手　标拍

原步不变，左手往上挽臂掀拳，右手拍击左边胁下，目视前方。（图 51）

第四十三手　左钻腿

右腿独立，左脚向前上方踢击，左手拍击左脚背面，打一个钻天腿，右拳后摆于体后，目视前上方。（图 52）

图49

图50

图51

图52

第四十四手　涉步双劈腿

左脚落地涉步跳起，右脚跳起在空中踢击，双手于空中拍击右脚背面，目视前方。（图 53）

第四十五手　怀中抱月

右脚前落地成右虚步，双手挽云手，于怀中抱月势，左拳在上，右拳收于左臂内，目视前方。（图 54）

第四十六手　通天炮

右脚上前成右弓步，右拳向前上方冲击，左拳后摆于体左后下方，目视前方。（图 55）

第四十七手　扳拳

身体向左转回头成左弓步，左拳向前扳拳，右拳后摆于右体后下方，目视前方。（图 56）

图53

图54

图55

图56

第四十八手　怀抱

右脚向前一步，右腿直立，左腿向后撩起，上体前屈，两手交叉合抱于怀中，目视前方。（图 57）

第四十九手　滚子

身体向前下低头、背部着地团身滚翻丢滚子。（图 58）

第五十手　翻身落地

翻滚过来，身体立起两腿蹲伏落地。（图 59）

第五十一手　丢地剪

双手扑地下按，左脚在上、右脚在下，两脚向前铲击，目视前方。（图 60）

图57

图58

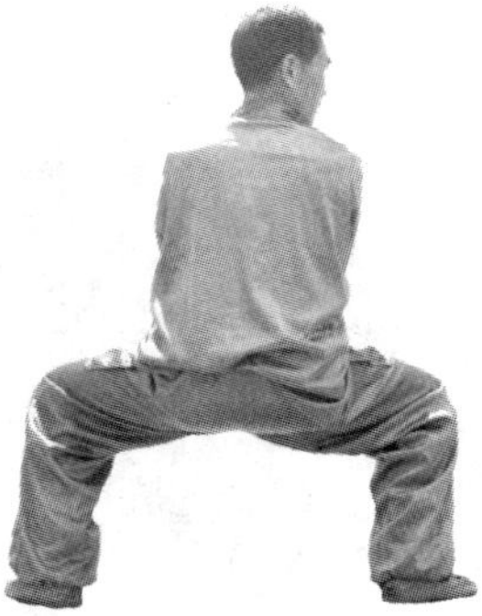

图59

图60

第五十二手　夹腿

双脚向后转身过来，双手扑地下按。两脚分开，右脚在右边，左脚在左边，双腿成夹腿，目视前方。（图 61）

第五十三手　收腿

双脚收回分开成马步，身体半蹲伏，两手落于体前，目视前方。（图 62）

第五十四手　迎门双贴掌

右脚上前成右弓步，双手虎掌向右边贴靠打击，目视右边前方。（图 63）

第五十五手　开天手

身体向左回转，右脚向左脚后插步，双手掌在体前交叉向上架掌，目视前方。（图 64）

图61

图62

图63

图64

第五十六手　浪子捡柴

两手分按于体右侧下，身体下沉，右脚向前盖步落地，目视前方。（图 65）

第五十七手　卧势牵羊

右脚后撤步成右弓步，双手右带，使敌方倒地，目视前方。（图 66）

第五十八手　双贴掌

两脚不变，身体左转成左弓步，双手虎掌向左上方贴掌击打，目视前方。（图 67）

第五十九手　勾手

右脚半蹲支撑，左脚回收成虚步，双手摇手，左手前抓后收于左腰际，右手向前上方仰臂旋转成反勾手，勾尖与右手心朝向脸部，目视右手。（图 68）

图65

图66

图67

图68

第六十手　标手

原步不变，左手向前标掌，右掌后甩于身体右后下方，目视前方。（图 69）

第六十一手　浩步摇手

浩步上前，右腿半蹲，左脚点地成虚丁步势，左勾手甩于左腿旁，右手向头右后上方掀掌撑起，目视前方。（图 70）

第六十二手　浩步跳钻二起脚

左脚向上屈摆跳起，右脚蹬地身体腾空向前上方钻腿踢击，右手拍击右脚背做二起飞脚。左脚落地，目视前方。（图 71）

第六十三手　角膝

左腿独立，右脚收回屈膝上提，右拳收于右腰际，左手上前屈臂成拳格挡角膝于右腿膝上，目视前方。（图 72）

图69

图70

图71

图72

第六十四手　顺拳

右脚向体侧前落地成马步，右拳顺势向前直拳冲击，左手收抱于左边将台穴上边，目视前方。（图 73）

第六十五手　分筋拿掌

身体向右扭转，右手向上抓爪回拉于右腰际，偏身左腿半弯屈跪下，左手向前擒拿抓手，目视前方。（图 74）

第六十六手　错骨掌

左手拿住敌方脚往后拖带，右手虎掌撑按击推敌人腹部，目视前方。（图 75）

第六十七手　端枪拳

右脚回收成右虚步，右手旋臂上翻屈臂成端枪拳，目视前方。（图 76）

图73

图74

图75

图76

第六十八手　二势拳

右脚上前成右弓步，左拳向前直拳冲击，右手收抱于右腰际，目视前方。（图 77）

第六十九手　端枪拳

身体左转成左虚步，左手屈臂外旋成端枪拳势，目视前方。（图 78）

第七十手　二势拳

左脚上前成左弓步，右手上前冲拳，左拳收抱于左腰际，目视前方。（图 79）

第七十一手　压裆后撩

左腿直立，右脚在体后往上反撩踢起，右手变掌下压于裆前，左拳收抱于左腰际，目视前方。（图 80）

图77

图78

图79

图80

第七十二手　柳叶掌

右脚在体后落地屈蹲，左脚在体前成左虚步 。左手成柳叶掌向前推击，右勾手向身体右后下方勾挂，目视前方。（图 81）

第七十三手　双甩

原步不变，右腿直立，左腿屈膝上顶，左手成勾向身体左后下方勾挂，目视前方。（图 82）

第七十四手　文武请手

左脚点地成虚步，两手向前请文武手，右拳平肩，左掌盖在右拳面上，目视前方。（图 83）

第七十五手　一字长拳

右腿直立，左腿屈膝上提，双臂分撑成一字长拳势，目视前方。（图 84）

图81

图82

图83

图84

第七十六手　收势

右腿独立，左拳下压于裆前，左脚向上方踢击，右拳上掀架拳后甩于头右后下方，目视前方。（图 85）

身体回身正转，左脚收于右脚成品字站立。

目视正前方，全套拳法完毕。（图 86）

收势。

图85

图86

（演练：汪汉平）

青龙手拳法

该拳法共 85 手，套路较长，练习难度进一步提升，是洪门武功优秀的武术拳法，这套拳法在民间流传也很广泛。

开门文武请手起势

品字站立，起势。文武请手，行拳礼。（图 1–9）

图1

图2

图3

图4

图5

图6

图7

图8

图9

第一段

第一手　迎门双钩

双手成勾手向右摆击，右臂伸直与肩平高，左手靠于右肋下，目视前方。（图 10）

第二手　将军抱印

右手上挽云手，双手变拳。右拳靠于右腰际，左拳收抱于左腰际，目视左侧前方。（图 11）

第三手　提脚铲步

右脚向前铲步提起。（图 12）

第四手　腾步插裆

右脚前跳落地，左脚上前成马步，双手朝裆前插掌，目视前下方。（图 13）

图10

图11

图12

图13

第五手　长拳双分

右脚上提落地成马步，两拳随头右转分开双劈拳，成长拳势，目视前方。（图 14）

第六手　虚步端枪

重心后移，左腿半蹲，右腿回收成虚步，右拳向上端挑，左拳收抱于左腰际，目视前方。（图 15）

第七手　拗步冲拳

右脚上前成右弓步，右拳收于右腰际，同时左拳向前直臂冲打。拗冲右拳后收抱于右腰际。（图 16）

第八手　转身端枪

左拳由下随体左转身成左虚步之左端枪势，右拳收于右腰际，目视前方。（图 17）

图14

图15

图16

图17

第九手　拗步冲拳

左脚上前成左弓步，同时右拳向前冲打，左手后撤收于左腰际，目视前方。（图 18）

第十手　角膝

右腿独立，左腿屈膝上提。右臂屈肘立掌角膝于左膝上，左手向体后勾甩，目视前方。（图 19）

第十一手　右扫腿

左脚上前落地半蹲，右脚伸直向前勾脚扫腿，右手向前掩手拍击，左手勾甩于体后不变，目视前方。（图 20）

第十二手　角膝

左腿独立，右腿屈膝上提，左臂屈肘立掌角膝于右膝上，右手抱拳于右腰际，目视前方。（图 21）

图18

图19

图20

图21

第十三手　左扫腿

右脚落地，同时，左手向左边掩手拍击，左腿直腿左脚勾脚贴地向右边扫腿，目视前方。（图 22）

第二段

第十四手　下步直腿

左脚向后撤步划腿，双腿成右弓步，同时右手前抓变勾手后甩于体右后下方，左手上前拍击掩手，目视前方。（图 23）

第十五手　车面拿手

身体左转成左虚步，左手向前抓拿，右勾手后甩于右体后下方，目视前方。（图 24）

第十六手　将军抱印

右腿独立，左腿屈膝上顶，双手成拳收抱于左腰际，目视前方。（图 25）

图22

图23

图24

图25

第十七手　腾步长拳

左脚右脚跳换步，上前落地成马步，同时两手撑开成长拳势，目视前方。（图 26）

第十八手　端枪

右脚收半步成虚步，右拳做端枪势，左手拳收抱于左腰际，目视前方。（图 27）

第十九手　二势拳

右脚上步成右弓步，左手拗势向前连续冲拳两次。右拳收抱于右腰际，目视前方。（图 28）

第二十手　跪膝腿

身体左转，右腿独立，左腿屈膝上顶，同时双手成勾后甩于体两侧后下方，目视前方。（图 29）

图26

图27

图28

图29

第二十一手　双掌推胸

左脚向前落地成左弓步，双手收于腰际后再向前成虎掌推去，目视前方。（图 30）

第二十二手　单挂腿

身体右转，左腿独立，右腿向体上方做单挂腿，左手拍打右脚背面，目视前方。（图 31）

第二十三手　涉步摇手

右脚落地腿直立，左脚屈膝上提涉步跳起，左脚落地，右臂屈肘立掌，左勾后甩，目视前方。（图 32）

第二十四手　跳步挂腿

左脚涉跳起后落地左腿独立，右腿向体前上方挂腿踢击，左手在体前上方拍击右脚背面，右手勾手后甩于体后下，目视前方。（图 33）

图30

图31

图32

图33

第二十五手　右角膝

右腿屈膝提起，左手屈臂向上角膝于右膝上，右拳甩落于右腰后下方，目视前方。（图 34）

第二十六手　马步顺拳

右脚上前落成马步，右手顺势向前冲拳，左拳收撤于左肩前，目视前方。（图 35）

第二十七手　分筋

身体右转左脚收半步跪下，左手向前下擒拿敌脚，左右手向前抓拿需合力相抱，目视前方。（图 36）

第二十八手　挫骨掌

双腿屈膝半蹲转身成马步，左手撤回，右手向前下撑按成矮马步势，挫拿敌方的膝部推敌倒地，目视前方。（图 37）

图34

图35

图36

图37

第二十九手　端枪

身体微右转立起，左腿半蹲，右腿弯曲收脚成右虚步，右手往上挑手，屈臂成端枪势，左拳收抱于左腰际，目视前方。（图 38）

第三十手　二势拗拳

右脚上前成右弓步，右手回带收抱于右腰际，左手拗拳向前打击，目视前方。（图 39）

第三段

第三十一手　车面端枪

身体左转，右腿半蹲、左脚回落半步成虚步，左拳成端枪势，目视前方。（图 40）

第三十二手　二势冲拳

左脚上前成左弓步，左手后撤收抱于左腰际，右拳拗势向前冲拳，目视前方。（图 41）

图38

图39

图40

图41

第三十三手　虚步压裆

身体重心后坐落于右腿上，右腿半蹲，左脚回收半步成左虚步，双手臂交叉、双手拳向裆下变勾手下压，目视前方。（图 42）

第三十四手　浩步下分

右腿直立，左腿屈膝上提，双手分开往下勾手后挂于身体的后下方，目视前方。（图 43）

第三十五手　浩步分上

左腿屈膝半蹲，右脚上前半步点地成虚步，双手由下向身前上方翻起，目视前方。（图 44）

第三十六手　双峰贯耳

左脚上前成左弓步，同时，双手变拳于体前分开后再合力双拳贯耳，打击敌耳门，目视前方。（图 45）

图42

图43

图44

图45

第三十七手　左端枪

右腿半蹲，身体重心后移，左脚收成左虚步，左手屈肘成左端枪势，右拳收抱于右腰际，目视前方。（图 46）

第三十八手　二势拳

左脚上前成左弓步，左拳回撤于腰际，右拳拗势向前直拳冲击，目视前方。（图 47）

第四段

第三十九手　转身独立

身体右转，左腿独立，右腿屈膝上提，右拳下压于裆前，左拳在身体的左上方屈肘上抬架拳，目视前方。（图 48）

第四十手　扳拳

右脚向前成右弓步，右手上前扳拳打击，左拳后撤于身体左后下方，目视前方。（图 49）

图46

图47

图48

图49

第四十一手　左拍胸

原步不变，左掌拍击右胸部，右勾手后甩于体右下方，目视前方。（图 50）

第四十二手　右拍胸

左脚上前一步成左弓步，右掌拍击左胸部，左勾手后甩于体左后下方，目视前方。（图 51）

第四十三手　单挂腿

左脚独立，右脚向前上方挂腿踢击，左手拍击左脚背面，右勾手后甩于身体右后下方，目视前方。（图 52）

第四十四手　开天手

左腿屈膝半蹲，右脚落地成虚步，双手臂交叉朝上架掌，目视前方。（图 53）

图50

图51

图52

图53

第四十五手　观音打坐

左脚插于右腿后，双手分开后再于体前合掌，身体下坐成观音打坐势，目视前方。（图 54）

第四十六手　左拍地

右手先拍击地面一掌。（图 55）

第四十七手　右拍地

左手再拍击地面一掌。（图 56）

第四十八手　带腿

身体立起，右腿直立，左脚向后撩起，左脚带腿后撩右手拍击脚面，左手向上架掌撑起，目视后方。（图 57）

图54

图55

图56

图57

第四十九手　反蹄腿

左腿独立，右脚反回后撩踢，左手拍击反腿后撩起之右脚，右掌上掀架掌，目视后方。（图 58）

第五十手　左拍胸

左脚悬着提起，双手撑开后左手拍击右胸部，再拍击右反撩脚面一次。（图 59）

第五十一手　右拍胸

右手拍击左胸部后，右腿落地直立，右手拍击左脚反撩脚面，左掌上撑架起。（图 60）

第五十二手　挂腿金鸡挂腿

身体向左转身涉跳起来，左腿独立，右脚向前上方挂腿踢击，左手拍击右脚背面，右勾手后甩于身体右侧后下方，目视前方。（图 61）

图58

图59

图60

图61

第五十三手　插步双勾

右脚上前落地，左脚再插于右腿后。双手向右前方勾手摆击，目视左右勾手。（图 62）

第五十四手　双劈腿

左脚涉步跳起落地，右脚向上方劈腿踢击，同时双手在体前上方迎击右脚背面，目视前方。（图 63）

第五十五手　金鸡独立

身体左转左腿独立，右脚收回屈膝上提，右拳下压裆前，左拳上掀架拳于身体左上方，目视前方。（图 64）

第五十六手　扳吊拳

右脚上前成右弓步，右拳上前扳拳，左拳后甩于身体左后下方，目视前方。（图 65）

图62

图63

图64

图65

第五十七手　擒拿爪

左腿半蹲，右脚收回半步成右虚步，右手前探抓爪，左手爪后甩于身体左后下方，目视前方。（图 66）

第五十八手　拗劈掌

右脚上前成右弓步，左手向前劈掌，右勾手后甩于身体右后下方，目视前方。（图 67）

第五十九手　海底捞沙

右手在上挽正云手，同时右腿直立，左脚向后撩踢起来，双手向下合手捞沙，目视前方。（图 68）

第六十手　童子拜观音

身体左转，左脚落地，右脚向后悬起，双手上前合掌成童子拜观音势，目视前方。（图 69）

图66

图67

图68

图69

第五段

第六十一手　金鸡独立

右脚向前落地右腿独立，左脚屈膝提起，右勾手下甩，左手上翻成仰拳，目视前方。（图 70）

第六十二手　偷梁

左脚前落，双手扑地下扶，右脚向前扫腿。（图 71）

第六十三手　换柱

右脚涉步，左脚再向右下插腿，贴地向前扫腿一圆圈。（图 72）

第六十四手　倒扫腿

身体左转，双手扶地，左脚从背后贴地倒扫腿一圈，目视前方。（图 73）

图70

图71

图72

图73

第六十五手　左倒扫腿

身体右转，左脚成左仆步从背后贴地，随转身接着又倒扫腿一圈，目视前方。（图 74）

第六十六手　右正扫腿

双手扶地，右脚成右仆步向前正扫腿，目视前方。（图 75）

第六十七手　架拳

身体立起右脚上前成右弓步，右臂上掀屈架，左拳向前直臂冲击，成架拳势，目视前方。（图 76）

第六十八手　下洗拳

身体左转变成马步，左手撤回下腹部前，右拳向体前下砍交叉合于左手，目视右前方。（图 77）

图74

图75

图76

图77

第六十九手　上标拳

身体右转成右弓步，左拳向体前上方标拳冲击，右拳收抱于右腰际，目视前方。（图 78）

第七十手　上冲拳

不停，身体变马步，右手拳向上扳拳击冲，左拳抱于胸前，目视前方。（图 79）

第七十一手　单挂势

身体左转右腿半蹲，左脚回收半步成虚步，左掌下甩，再向体前立撑掌，右手掌变勾手后甩于右下方，目视前方。（图 80）

第七十二手　左蹦腿

右腿独立，左脚向上踢击，右手屈臂上架于身体右侧后上方，左勾手下甩于体左下方，目视前方。（图 81）

图78

图79

图80

图81

第七十三手　地剪腿

左脚收于右脚后再上前涉步跳起，双手扶地，双脚向前剪腿，双腿稍分开，目视前方。（图 82）

第七十四手　绞腿翻身

以肩背着地身体举腿上绞旋翻剪腿，双脚翻绞过来，目视前方。（图 83）

第七十五手　双贴掌

身体立起，右脚上前成右弓步，双手虎掌向前贴掌打击，目视前方。（图 84）

第七十六手　压肘

身体左转，左腿半蹲，右脚上前成右虚步。左手与右勾手下压于裆前，目视前方。（图 85）

图82

图83

图84

图85

第七十七手　滚肘

右脚上前落成马步，左手扶靠在右手腕部，右手向前滚顶肘，目视前方。（图 86）

第七十八手　扳拳

右脚提起上前成右弓步，右拳向前扳拳冲击，左拳后摆于身体左侧后下方，目视前方。（图 87）

第七十九手　财神归位

右脚撤一步，右腿半蹲，左脚点地成虚步，右手从上向下翻，再于右边头后屈臂架拳，左手下翻再落于左膝前屈臂下栽拳，目视前方。（图 88）

第八十手　端枪

右腿屈膝半蹲，左脚虚步不变，左拳屈臂成端枪势，右手抱拳于右腰际，目视前方。（图 89）

图86

图87

图88

图89

第八十一手　拗拳

左脚前上步成左弓步，左拳回撤收抱于左腰际，右拳向前拗拳冲击，目视前方。（图 90）

第八十二手　压裆

右脚向后撩起，右拳向体前下压于裆前。（图 91）

第八十三手　柳叶掌

右腿落地屈膝半蹲，左脚向前点地成虚步，右手爪勾挂于身体右后下方，左手成柳叶掌向前立掌推出，目视前方。（图 92）

第八十四手　双勾后挂

左虚步不变，双手成勾手向身体后下方甩挂后，左腿直立身体立起，右腿屈膝上顶，目视前方。（图 93）

图90

图91

图92

图93

第八十五手　文武请手

左腿屈膝半蹲，身体下沉，右脚点地成虚步，双手于体前合抱，右拳左掌相合抱。左掌盖在右拳面上，目视前方。（图 94）

左虚步不变，两臂伸直撑拳成一字形，目视前方。（图 95）

右腿直立，右手上掀屈臂上架拳，左拳下压于裆前，左腿向前上方踢击一腿，目视前方（图 96）

左脚并于右脚成品字形站立，身体转向正面，双手直臂落于身体两侧，目视前方。（图 97）

收势。

图94

图95

图96

图97

（演练：汪汉平）

武松手拳法

武松手拳法，属水浒门武术精华拳种，仅 45 手，实用性很强。

第一手　文武请手帽子

并步直立。神定，心安，体松，精神贯注，没有杂念再开拳。

起手，两脚分开站成八字形。两手成掌，贴于身体的大腿两边。（图 1）

右腿屈膝半蹲，左脚前点地成左虚步，两手左拳右掌合抱于体前成文武手，目平视左前方。（图 2）

第二手　右爪左拿腾步洗拳

身体稍向左转，左腿直立右脚屈膝上提，同时右手向前抓爪，左手爪向左侧体后勾挂。（图 3）

右脚落地右腿直立，同时右手向前下落爪后再向身体右下勾手后甩，左腿屈膝上提，左手向前抓拿，目视左爪。（图 4）

图1

图2

图3

图4

左脚向前腾步落地，右脚上前成马步，同时右手向右膝前洗拳下栽，左掌下落立于右肩前，目视右侧前方。（图 5）

第三手　移步双拿手

右脚向前滑步上步，左脚随后跟步移动，同时双手向右边抓拿，目视右侧前方。（图 6）

第四手　扭身弓步架拳

身体向右扭转，双腿跪步成歇，同时双手收于右腰侧。（图 7）

左脚提起上前一步成左弓步，同时左手朝上架拳后小臂立拳落于右肩前，右拳向前直拳冲击，目视右拳。（图 8）

图5

图6

图7

图8

第五手　跪膝扣拳

双手向上分开，右脚下跪地，同时右手屈肘向前向上扣拳，左手不变，目视右拳前方。（图 9）

第六手　腾空双飞腿

左腿直立，重心在左腿上。右腿向前上方绷脚踢击，右手拍击右脚背面。（图 10）

右脚落下，左脚提起向上涉跳，右脚再腾空上踢，双掌上扬，左掌拍击右脚背，右拳下落于右腰际之下。此动，跳步右挂腿踢，目视右脚上方。（图 11）

第七手　垫步顺拳

右脚收回屈膝提起，左手屈肘立掌，左肘尖落于右膝上附近，右拳收抱于右腰际，目视正前方。（图 12）

图9

图10

图11

图12

右脚上前落步成马步，右拳向前顺势冲拳，目视右拳前方。（图 13）

第八手　独立弓步挂势扫腿

重心落于右脚上，右腿直立，身体左转，左脚屈膝上提，右拳变掌向上直臂刺掌，手臂贴靠于右耳部，左掌收抱于右胁下，目视左侧前方。（图 14）

左脚向前落地，右脚贴地向前扫腿后成右弓步，右手后撤勾挂于右体后下，左手屈肘向上架掌，目视左掌前方。（图 15）

第九手　虎掌双叠

右脚提起腾跳步，左脚随之上前跳起落地成马步，右手上扬与左手在头上方合击后，双手屈肘下落成虎掌按于身体左侧，再向左前下方抓击，目视左侧前方。（图 16）

图13

图14

图15

图16

身体腾起左转，左脚蹬地起跳、右脚随之腾起上前落地成马步，左手上扬与右手在头上方合击后，双手屈肘下落于身体右侧，两手成虎掌向右前下方抓击，目视右侧前方。（图 17）

第十手　左右击拳

身体左转变成左弓步，左手向左边上方横击，右拳摆落于身体右后下，目视左拳前方。（图 18）

上体回身右转成右弓步，右拳向右横拳击打，左拳在体左后下，目视右拳前方。（图 19）

第十一手　腾步端枪冲拳

右脚腾步跳起，右手前抓收抱于右腰际，左脚随之上前跳起落步成左虚步，左拳屈肘上格挑拳，目视左拳前方。（图 20）

图17

图18

图19

图20

左脚上前成左弓步,右拳向前直拳冲击,左拳撤收于左腰际,目视正前方。(图 21)

身体微右转体变成马步，同时左手掌从右胁内穿去横掌向前砍击，右拳收于右将台穴上，目视左掌前方。(图 22)

第十二手　下步拿手

左脚后撤一步，双腿成交叉步，同时左手向前屈肘旋抓拿爪，目视左爪前方。(图 23)

第十三手　马步洗拳

身体左转，两腿成马步，同时右拳从右边肩上向下抡拳下砸洗拳落于右膝前。左手立掌贴靠于右肩前，目视右侧前方。(图 24)

图21

图22

图23

图24

第十四手　跳步左右十字挂腿

右脚上前一步成右弓步，两拳合拢后分开成一字扁担式，横拳击打成十字长拳，右拳体前略低，左拳体后略高，目视右拳前方。（图 25）

右腿直立身体直起，左脚向前上方起腿踢击，同时右手后下甩、向右后上抡臂变掌拍击左脚背，左手向左体后下勾挂，完成抡臂击拍勾挂手拍打挂腿，目视身体前上方。（图 26）

左脚落地，右脚腾空跳起上踢，左掌向前拍击右脚背面，右手在右体后下变成勾挂手，目视前上方。（图 27）

第十五手　垫步顺拳

左腿独立，右腿随之屈膝上提，左手屈臂立肘掩拳，左肘尖贴近于右膝盖上，右拳收抱于右腰际，目视左拳前方。（图 28）

图25

图26

图27

图28

身体微向左转，右脚上前落地成马步，同时右拳向前猛力冲击，左拳收抱于左腰际，目视右拳前方。（图 29）

第十六手　海底仆步

双手右先后左，做云手绕圈，右脚提起放下屈腿蹲下，左脚提起向左仆步贴地，左手仅勾仅手反按在左脚上，右手贴靠于左大臂内侧，目视左下方。（图 30）

第十七手　金鸡独立

右腿独立，左脚屈膝收回上提，左手后甩于体左后下成勾挂手，右手屈肘上架于体右侧上方撑亮掌，目视左侧前方。（图 31）

第十八手　扑地扫堂腿

左脚向体前落地后屈膝蹲下，身体下伏成右仆腿，双手于左体侧前下方扶地。（图 32）

图29

图30

图31

图32

以左脚掌为轴，身体先微右撤再腰部发力随左转体一周，带动右腿贴地向左扫腿旋转一圆圈，车转身来依旧保持右仆步，目视右侧前方。（图 33）

第十九手　顺手扯旗

右腿立起，右手上掀向前下按掌，左勾手后撤于体后，左脚向后反撩踢，目视右前方。（图 34）

第二十手　旋风挂腿

双脚腾空跳起，身体向左转体旋转翻腾 360 度起来，右腿向左侧上方腾空旋踢，左手随之在空中拍击右脚内侧击响一次，右手自然摆落于体右后，完成腾空旋风挂腿踢击，目视踢腿上方。（图 35）

此动即旋风脚，民间武师俗称旋风挂腿。

第二十一手　垫步顺拳

左腿独立，右脚屈膝收回上提，左手屈肘立臂掩拳，左肘尖贴近于右膝上，右拳收抱于右腰际，目视正前方。（图 36）

图33

图34

图35

图36

身体微向左转，右脚上前落步转成马步，右拳顺势猛力向身体右侧前方冲拳，左拳后撤于左体侧，目视右拳前方。（图 37）

第二十二手　翻身双跳猛虎下山扑地

双手向身体上方摆起，双脚蹬地发力身体腾空向左后转体一周，向右边落地成左仆步，随即双手抡臂向体前下方劈掌摔地击打，两臂微屈肘，左掌在前右掌在后，目视左侧前方。（图 38）

第二十三手　插掌锁喉

身体立起成左弓步，右手向前插掌锁喉，左手勾手勾挂于体左后下，目视正前方。（图 39）

第二十四手　马步反挂

身体微向右转成马步，右手成勾向体右下方甩击，左勾手变掌由左下向身体左上随身体右转向头右上方撑掌，目视右侧前方。（图 40）

图37

图38

图39

图40

第二十五手　蜈蚣撑夹

左脚提起上跳，右脚随之起跳，身体腾空向左转体一周，双脚落地成马步，双手随转体腾空时于体前上方合手相拍击，再云手反绕于右体前相合夹爪成虎掌势，目视右侧前方。（图 41）

第二十六手　端枪左右冲拳

左腿屈膝半蹲，右脚回收成右虚步，同时右手屈肘立臂掩拳成右手端枪势，左手撤收于左腰际抱拳，目视右拳前方。（图 42）

右脚上前一步成右弓步，左拳向前猛力冲拳击打，右拳撤收于右腰际，目视正前方。（图 43）

身体向左转身，右腿屈膝半蹲，左脚回步成左虚步，左拳由体前下划抡臂屈肘掩拳，格挡于体左侧成左手端枪势，目视左拳前方。（图 44）

图41

图42

图43

图44

左脚前上一步成左弓步，随之右拳猛力前冲拳击打，左拳收抱于左腰际，目视右拳前方。（图 45）

第二十七手　柳叶掌浩步拿腿

身体重心后移于右腿，右腿屈膝半蹲，左脚回步成左虚步，右手下挂勾手于体右后下，左手立掌向左体前上挑掌，目视左掌。（图 46）

左脚上前半步屈膝半蹲，右脚随之前上步成右虚步，右手勾手变掌从体下向体右前上方立掌挑击，左掌变勾手向体左后下勾挂手，目视右掌前方。（图 47）

第二十八手　分筋错骨掌

左腿跪下，左手向下抓拿敌脚，右手撤收于右腰际，目视前下方。（图 48）

图45

图46

图47

图48

身体变成低矮马步，右手成掌向右前下方磕掌，左手撤收于左臂内侧，目视右侧前方。（图 49）

第二十九手　端枪右拳

身体微微立起，左脚向前上一大步，左腿屈膝半蹲，身体右转右脚回撤成右虚步，右手屈肘掩拳成端枪势，左拳抱于左腰际，目视右前方。（图 50）

右脚向前上一步成右弓步，左拳猛力向前直拳冲击，右拳回撤于右腰际，目视前方。（图 51）

第三十手　左磕膝

身体左转转身过来，左腿直立，右腿屈膝上顶，双手磕击膝部后成勾手在体两侧向后顺势勾挂手，目视正前方。（图 52）

图49

图50

图51

图52

第三十一手　虎掌双推

右脚落地直立，左腿屈膝上顶，双手成虎掌收抱于腰际。（图 53）

左脚向前落步成左弓步，双手虎掌向体前猛力推击，目视前方。（图 54）

第三十二手　右磕膝

左腿直立，右腿屈膝上顶，双手磕击右膝后向体后勾挂手，目视正前方。（图 55）

第三十三手　虎掌双推

承上动姿势不变，双手成虎掌收抱于腰际。

右脚向前落步成右弓步，双手虎掌向体前猛力推击，目视前方。（图 56）

图53

图54

图55

图56

第三十四手　马步正挂

身体向左转体成马步，左手甩向体左下方勾挂手，右手成掌上架于体右侧上方，目视左侧前方。（图 57）

第三十五手　提膝掩手

身体微向左转，重心后移于右腿上，右腿直立，左腿屈膝上提，右掌随身体立起向前掩手侧立掌砍击，左手勾挂于体左后方，目视前方。（图 58）

第三十六手　右扫腿

左脚向下落地屈膝半蹲支撑身体重心，右脚勾脚向前扫腿，右手于体右后下成勾挂手，左掌由体左下向体前上方挑掌掩手拍击，目视左掌。（图 59）

第三十七手　浩步抓拿手

身体左转，右腿屈膝半蹲，身体转身过来成左虚步，随之左手甩于体左后下勾挂手，右手随转体从下向体前上方立掌拍打挑击，目视右掌前方。（图 60）

图57

图58

图59

图60

右脚浩步向前成右虚步，右手上前拍掌掩手击打，左手向前抓手后甩于体左后下方，目视正前方。（图 61）

第三十八手　端枪左势

左脚向前上步成左虚步，左手变拳随之向左前上方屈肘格挡掩拳横击，右拳回撤收抱于右腰际。（图 62）

左脚上前成左弓步，右拳猛力向前直拳冲击，左拳收抱于左腰际，目视正前方。（图 63）

第三十九手　双拳压裆

身体回身右转，转身过来，两腿屈膝半蹲成马步，同时随转体，双拳交叉下压于裆前，右拳在上左拳在下，亦可左拳在上右拳在下，目视正前方。（图 64）

图61

图62

图63

图64

第四十手　浩步开天手

右脚上一小步，左脚上一大步，双脚浩步向前，双腿屈膝半蹲，左腿在前半弓，右腿微微屈膝弓腿，同时屈肘双拳向体前上架十字拳，目视拳的前方。（图 65）

第四十一手　虎掌双推

双脚向前再重复浩步一次，双手从头上方各自向两边分开落下收抱于两边各自的腰际，左腿直立，右脚屈膝提起顶膝，目视正前方。（图 66）

身体微向左转，右脚上前落步成马步，同时双拳变虎掌向右前方猛力直臂推击掌，目视正前方。（图 67）

第四十二手　云手马步挂势

身体左转正面向前，双手先右后左云手绕转一圈，同时随左右云手时右脚先落地、左脚随之后落地，双脚变成马步，左手向左侧体后甩下勾挂手，右臂屈肘向右侧上方撑开架掌，目视左侧前方。（图 68）

图65

图66

图67

图68

第四十三手　端枪左势

身体重心落于右腿上，右腿屈膝半蹲，左脚回收成虚步，同时左手屈肘向左上掩拳格挡击打，右拳收抱于右腰际，目视前方。（图 69）

第四十四手　右势冲拳

左脚上步成左弓步，右拳猛力直拳向前冲击，左拳撤抱于左腰际，目视正前方。（图 70）

第四十五手　柳叶挑掌

身体重心落于右腿上，右腿屈膝半蹲，左脚回收成虚步，左手由体左后下向体前立掌挑击，右拳变勾手向体右后下勾挂，目视正前方。（图 71）

收势：文武请手。

左虚步不变，左掌变勾手向体左后下勾挂手，目视正前方。

图69

图70

图71

两手再向前，左手变掌、右手变拳合抱于体前，右拳心朝下，左掌盖住右拳面，成文武请手抱拳礼。（图 72）

双脚并拢身体直立，目视身体正前方。（图 73）

收势。

图72

图73

（演练：李又发）

武术器械篇

诗竹：不谢东君意

丹青独立君

莫嫌孤叶淡

终久不凋零

打开孙祥官的武术器械手抄本，第一面是他画了一幅竹图，简单的素描，意境深远：竹子一高一低，一大一小，似乎像武术师傅与徒弟在对话，表达了中华武术一代又一代传承关系之密切，生生不息、代代有人坚定的武术传承思想。

本篇收录了孙祥官先生传授给弟子们的黄龙出洞单头棍、花枪、六合双刀破花枪对练、四喜头砍马腿双刀破花枪、大刀破锚枪、虎头双钩、斧钺、双锏、双匕首等练习套路。

黄龙出洞单头棍

棍，是武术中常见的器械之一，制作材料简单，一般采取密度较大的硬木为宜。有长短之分、粗细之别、轻重之不同等。

黄龙出洞单头棍，全套共46个动作，有点、劈、抡、扫、戳、挑、盖、压、绞、点、架、格、拦、扎等技法。

1 黄龙出洞单头棍歌诀

此棍本是黄龙棍，封闭展扎功自成。
起手仙人把伞搬，腾步劈下惊看官。
人字路来两边开，拗步劈下叼领在。
一闭涉下败步走，鹞子翻身棍不呆。
大花棍来随枪代，一闭二刁转归来。
迎风劈竹天平盖，饿虎扑食拍下来。
急忙就把天门开，闭地稳坐钓鱼台。
回头亮架把步摆，催步展扎不迟延。
乌龙摆尾两边分，乌鸦扑地上刁领。
朝天一柱膝对准，饥鸡捡米跳两边。
迎风劈竹棍中平，临阵边棍不顺情。
回头带尾下步闭，随棍抬头天门开。
拗步劈下双吐剑，朝天劈下接天平。
上步扎进龙尾棍，美女袖里巧穿针。
倒插杨柳身藏紧，廊架晒衣顾天平。
随棍翻下用刹棍，拔草寻蛇拗步分。
急忙抬头用棍挑，凤凰点头向后迎。
雀步扎进龙头棍，城墙跑马虎扑身。
封闭展扎随手进，人字败步两边拦。
首先忙将地门闭，然后才得天门开。

上步横棍忙勇进，下步倒扫归中平。
苏秦披剑把棍定，后学越练功自成。
此棍列下歌一段，变化无穷自用心。

2 黄龙出洞单头棍动作图解

第一动　起手势：此棍本是黄龙棍

身体品字形步直立。

第二动　封闭展扎功自成

左手垂下贴在左腿边，右手攒棍于体前，目视前方。（图 1）

第三动　起手仙人把伞搬

右手持棍高举，左手收到棍尾握着，右腿直立，左腿屈膝提起，目视左侧前方。（图 2）

第四动　腾步劈下惊看官

腾步：左脚向左侧前方落地一跳，右脚屈膝提起，左腿直立。两手持棍向前边迎棍，右胳膊稍弯曲，左手停于左腰边，目视棍头前方。（图 3）

图1

图2

图3

劈下：右脚上前落地成右弓步，右手持棍用力向前劈下，目视前下方。（图 4）

第五动　人字路来两边开

人字路：左脚上前一步，右脚向后滑退半步身体成左弓步，右手持棍向左边一摆格拦，棍头高过人头，右手臂伸直，左手持棍手臂弯曲在左腰际，目视棍头前方。（图 5）

两边开：右脚上前一步，左脚往后滑退半步身体成右弓步，双手持棍，向右边摆拦，棍头高于人头部，目视棍头前方。（图 6）

第六动　拗步劈下叼领在

拗步劈下：左脚上前成左弓步，右手持棍向前劈下，右胳膊伸直，左手持棍停在左腰下，目视棍头前方。（图 7）

图4

图5

图6

图7

叼领在：右脚上前成右弓步，右手持棍向右边往上刁棍，棍头高于头，右手臂弯曲向外翻右手腕，左手持棍贴在左腰下，目视棍头前方。（图 8）

第七动　一闭涉下败步走

一闭：身体向后卧变成左弓步，右手持棍头向左下边摆棍，左手翻上于左肩上，目视棍头前方。（图 9）

涉下：右脚向前屈膝顶提，双手持棍贴胸前，准备跳走。（图 10）

败步走：右脚落地一跳，左脚上前成左弓步，目视棍头前方。（图 11）

图8

图9

图10

图11

第八动　鹞子翻身棍不呆

鹞子翻身：右脚上前成半虚步，同时右手持棍在左腿外侧，由下往上挑棍，准备翻身。目视棍头前方。（图 12）

棍不呆：左脚随身左转向右滑步成马步，不停，右手持棍头在头面前绕棍一大圆圈，做云棍动作后由上劈下，棍头平膝高，目视身体右侧棍头前方。（图 13）

第九动　大花棍来随枪代

大花棍：右腿直立，左腿屈膝上提，右手持棍使棍头绕一小圆花，目视右侧前方。（图 14）

随枪代：左脚向前跳一大箭步落地，右脚再上步成弓步，右手持棍向前扎一棍，目视正前方。（图 15）

图12

图13

图14

图15

第十动　一闭二刁转归来

一闭：身体向后卧成左弓步，右手持棍向左下外边摆棍，目视后方。（图 16）

二刁：身体右转右脚向前成右弓步，右手持棍使棍头向右上边挑棍，目视右侧前方。（图 17）

转归来：右脚由左脚外边跳一大步落地，左脚往后跳一步屈膝半蹲成高虚步，右手持棍稍往上举棍挑点，目视棍头前方。（图 18）

第十一动　迎风劈竹天平盖

迎风：左脚独立，右腿屈膝提起，右手持棍扬起靠紧在胸前，目视棍头前方。（图 19）

图16

图17

图18

图19

劈竹：右脚上前落地成右弓步，右手持棍向前劈下，目视棍头前方。（图 20）

第十二动　饿虎扑食拍下来

饿虎扑食：左脚倒步插于右腿膝后，右手持棍向下圈绕经身体的右边翻压下起来，目视棍头前方。（图 21）

拍下来：右脚上前横滑步退后一步成右仆步，右手持棍头绕一半圆，右手腕翻力持棍朝地上拍棍下来，目视棍头下方。（图 22）

第十三动　急忙就把天门开

开天门：右脚收半步成右虚步，右手持棍使棍头向右上边做上挑棍，棍头要高过头，右胳膊需弯曲，棍贴在右肘弯上处。左手持棍翻腕，停在左腰下，棍身紧贴胸前，目视棍头前方。（图 23）

图20

图21

图22

图23

第十四动　闭地稳坐钓鱼台

闭地门：身体向左边转体车转卧势，右手持棍使棍头由上向左下边摆臂后撩夹棍，目视棍头前方。（图 24）

稳坐钓鱼台：身体右转右脚急收成右虚步，右手使棍头往上挑棍，棍头高过肩部，棍头起向上挑击对方裆的作用，目视棍头前方。（图 25）

第十五动　回头亮架把步摆

右脚往后撤一步，身体右转成马步，双手托棍向头上举，棍头高过头顶，左手持棍稍低，右手持棍高于头，目视棍头前方。（图 26）

第十六动　催步展扎不迟延

催步：承前原步，右脚上前踩一步，左脚向左后随之滑退一步，右手持棍使棍头向右边横劈用力拍压，目视棍头前方。（图 27）

图24

图25

图26

图27

展扎不迟延：右脚向前一滑催步，左脚跟上滑一步成右弓步势，右手持棍使棍头向前扎击，目视棍头前方。（图 28）

第十七动　乌龙摆尾两边分

乌龙摆尾：右脚倒插于左腿后，右手使棍向右边下摆棍，目视棍头前方。（图 29）

左脚向后横退一步成右高虚步，右手使棍从右向左下边摆棍，目视棍头前方。（图 30）

两边分：右脚又倒退一步，插在左腿后膝内。右手使棍向右边下摆棍，目视右棍头前方。（图 31）

图28

图29

图30

图31

第十八动　乌鸦扑地上刁领

乌鸦扑地：左脚后退一步成右仆步，右手使棍向右边绕一圆圈起来后拍地，目视棍头方向。（图 32）

上刁领：右脚上成右弓步，右手持棍由下向上挑棍，右胳膊弯曲，棍紧靠在胳膊肘上，左手持棍停在左腰下部，目视棍头前方。（图 33）

第十九动　朝天一柱膝对准

左脚独立，右脚上前屈膝提起，右手将棍收回朝上举起，左手握棍尾使棍身上下竖直。（图 34）

第二十动　饥鸡捡米跳两边

饥鸡捡米：右脚上前落地，左脚在后提起向后摆撩脚，右手使棍向右边点棍，目视棍头方向。（图 35）

图32

图33

图34

图35

左脚向后落地，右脚屈膝提起，双手将棍收回于胸前直举，目视前方。（图 36）

跳两边：右脚上前一步落地跳起，左脚随后屈膝提起，右手使棍头向左边两边跳点棍。（图 37）

第二十一动　迎风劈竹棍中平

迎风劈竹：左脚向后落地，右脚收回屈膝提起，双手握棍往胸前带棍，收棍直举，目视前方。（图 38）

中平棍：右脚上前成弓步，右手使棍头向前劈下，左手握棍尾于左腰边，目视前方。（图 39）

图36

图37

图38

图39

第二十二动　临阵边棍不顺情

临阵边棍：左手使棍尾向前、向左边绕一小圆花，右脚收回成虚步，身体右转，目视前方。（图 40）

右脚上步成高虚步，右手使棍由下翻起来向前拍压棍，目视前方。（图 41）

不顺情：右脚上前，左脚跟上滑一大步，右手使棍由右后向前扫一个大圆花，同时身体往下一沉，目视前方。（图 42）

左脚独立，右脚收回屈膝提起。右腿落地成弓步，右手持棍使棍头由下往上带棍到右边肩上头，目视前方。（图 43）

图40

图41

图42

图43

第二十三动　回头带尾下步闭

回头带尾：身体变成右弓步卧势，转身回头，左手向左腿下摆棍，目视棍头方向。（图 44）

下步闭：左脚随翻身向后退一步成左弓步，右手使棍头由右上往下在右脚前摆臂压棍，目视棍头前方。（图 45）

第二十四动　随棍抬头天门开

身体右转，右脚收成虚步，右手使棍由下往上成挑刁棍势，目视棍头方向。（图 46）

第二十五动　拗步劈下双吐剑

拗步劈下：左脚上前成左弓步，右手使棍头由上往下劈，棍头平右膝高，目视前方。（图 47）

图44

图45

图46

图47

双吐剑：左腿独立，右腿向上前踢击，左手使棍尾由后在左腿外向前上方挑棍，棍尾挑起来平胸高，右手持棍撤到头右边后，高与头平，目视前方。（图 48）

第二十六动　朝天劈下接天平

右脚上前落地成右弓步，右手使棍头由头后朝天向前持棍劈下，棍头与右膝平高，左手持棍停在左腰边，目视前方。（图 49）

第二十七动　上步扎进龙尾棍

左脚上前成马步，左手使棍尾由后向前，随左上步平胸托棍，右手持棍使棍头带到右边肩上，目视左前方。（图 50）

第二十八动　美女袖里巧穿针

美女袖里：左脚变成左弓步，右手使棍头向前点棍，目视前方。（图 51）

图48

图49

图50

图51

巧穿针：左脚屈膝提起上前落地，右脚滑步跟上成马步，左手使棍尾向前平扎棍，目视前方。（图 52）

第二十九动　倒插杨柳身藏紧

身体右转，左腿屈膝半蹲右脚收成虚步，左手持棍尾向头右上举，棍头高过头部。右手使棍头向右腿膝前下拦棍，棍头低于右腿的前膝下方，目视前方。（图 53）

第三十动　廊架晒衣顾天平

右脚上前半步成马步，双手持棍向头上高举过头成架棍势，目视前方。（图 54）

第三十一动　随棍翻下用刹棍

左腿直立，右腿屈膝提起，右手使棍绕一小圆，棍头朝上挑起扬棍，目视前方。（图 55）

图52

图53

图54

图55

右脚上前落地成右弓步，右手棍头由上往下压棍，目视前方。（图 56）

第三十二动 拔草寻蛇拗步分

拔草寻蛇：左脚上前半步插在右腿后成交叉步，右手使棍头向右下边一摆棍，右脚稍回撤半步勾脚，目视前方。（图 57）

右腿屈膝上提，右手使棍头向左下边一摆拦棍，目视前方。（图 58）

拗步分：右脚勾脚落地，右手手腕一翻使棍头向右下边摆棍格拦，目视前方。（图 59）

图56

图57

图58

图59

第三十三动　急忙抬头用棍挑

右脚上前成马步，右手使棍头向前、由下向上挑棍，目视前方。（图 60）

第三十四动　凤凰点头向后迎

右脚退半步成左虚步，左手棍尾在左腰下经体腹往上挑棍，目视前方。（图 61）

左脚下退一步成右弓步，右手棍头由下往上、由上往下、由下往上可以连点棍二至三遍，目视前方。（图 62）

第三十五动　雀步扎进龙头棍

右脚独立，左脚在后屈膝提起，右手持棍头绕一圆花，目视前方。（图 63）

图60

图61

图62

图63

左脚上前雀跃跳起一大箭步落地，右脚提起随之上前跳成右弓步，右手持棍向前扎棍刺击，目视前方。（图 64）

第三十六动　城墙跑马虎扑身

城墙跑马：右脚上前屈膝提起落地后再一腾跳，右手持棍使棍头朝上后背棍，左手持棍在下，目视后方。（图 65）

虎扑身：身体卧势，双手持棍不变。右脚向前落地成左仆步，目视前方。（图 66）

左腿屈膝提起后跳换落地，右脚向前落地成右仆步，左手使棍向左下边摆棍，右手持棍翻下压棍，目视前方。（图 67、图 68）

图64

图65

图66

图67

第三十七动　封闭展扎随手进

双腿变成马步，右手使棍由下往上向右边封刁棍，目视前方。（图 69）

左脚插在右腿后，右脚勾起，右手腕下翻使棍由下（或上）往上（或下）闭棍，目视前方。（图 70）

右脚上前成马步，身体向左转身，右手棍向左上边拍击，目视前方。（图 71）

图68

图69

图70

图71

右脚上前成右弓步，右手使棍向前一扎戳棍，目视前方。（图 72）

第三十八动　人字败步两边拦

左脚上前半步，右脚向后滑一大步成左弓步，右手持棍头向左边横拦棍，棍高过头部，目视前方。（图 73）

右脚上前半步，左脚向后滑一大步成右弓步，右手使棍头向右边横棍拦摆，目视前方。（图 74）

第三十九动　首先忙将地门闭

身体后卧，左腿半蹲，右脚勾起。右手使棍头向下左边摆棍拦击，目视前方。（图 75）

图72

图73

图74

图75

第四十动　然后才得天门开

右脚收半步成虚步，右手持棍头由下往上挑棍，即从对方裆部下向上挑击起来，目视前方。（图 76）

第四十一动　上步横棍忙勇进

右手持棍使棍头绕一小圆花，左腿独立，右脚上前屈膝半蹲成左虚步，右手棍往右下边一摆拦棍，左手持棍在左上肩扬起拦击，目视前方。（图 77）

第四十二动　下步倒扫归中平

右脚倒后一步，身体下沉，同时右手持棍随右腿倒扫转身过来，左脚在前，右腿在后，目视前方。（图 78）

右脚倒后一步，双腿成马步。（图 79）

图76

图77

图78

图79

左脚屈膝提起，右手使棍头向后带棍背棍到左肩上，左掌向前推击，目视前方。（图 80）

第四十三动　苏秦披剑把棍定

左脚上前落地成左弓步，右手使棍头翻落于右腿后下边，左手在胸前成柳叶掌再向前方推出，目视左前方。（图 81）

第四十四动

并步持棍文武请手，完毕收棍。（图 82、图 83）

收势。

图80

图81

图82

图83

（演练：胡柏树）

洪门花枪

洪门花枪有45动，主要以枪法的拦、拿、扎为主，以中四平枪法为重点，兼以抡、扫、挑、压、盖、刺等枪法。

起势：文武请手。

右手持枪，身体并步直立，目视前方。（图1）

左脚上前成虚步，双手抱枪合于体前成请手。（图2）

第一动　花枪拿拦枪

观势：卧势成左弓步，右手握着枪把向前下方刺枪，左手掌上架于左边肩上方亮掌。（图3）

拿枪：身体右转，左脚上前一步，同时左手向前握拿枪杆中间。（图4）

图1

图2

图3

图4

拦枪：身体向后一卧成右弓步，右手持枪撤到右肩上方，左手持枪滑把到左腿前下，枪尖朝下。（图 5）

第二动　中平扎枪

中平枪：左手持枪中端，右手握枪尾向中平翻压绞一小圆花，即将枪尖在前面做左右翻腕压拨，使之枪尖左右划圆。同时，右手握枪收于右边腰际，左手持枪翻枪后成马步。（图 6）

扎枪：接上动不停。两手向体前平扎枪，身体变成左弓步，目视扎枪前方。（图 7）

第三动　插步拦扎枪

插步拦枪中平扎：右脚上前插步在左腿后，右手持枪撤到右肩上方，左手持枪使枪尖朝下方一翻划平圆，左手掌心朝上成拦枪势。（图 8）

图5

图6

图7

图8

中平拿枪：上动不停，两脚先后向前各滑一步上前成马步势，同时右手持枪从右肩上翻滑下落到右边腰部，左手持枪由下向前胸一翻成中平拿枪，目视前方。（图 9）

扎枪：上动不停，双手握枪向前平扎出，同时双腿变成左弓步，目视前方。（图 10）

第四动　插步拦枪：

说明，图 11、图 12、图 13 此三图动作姿势同前三图，重复做一次。

插步扎枪（图 11），动作同图 8。

中平滚枪（图 12），动作同图 9。

图10

图9

图11

图12

扎枪（图 13），动作同图 10。

第五动　卧势披枪

身体向右转身变成右弓步，右手握枪撤到右肩上方，左手持枪滑把到左边腿下成卧势持枪，目视左方。（图 14）

第六动　提膝披枪

身体右转。右腿独立，左腿屈膝提起，目视前方。（图 15）

第七动　箭步涉下

左脚落地前跳，右脚上成右弓步披枪势，目视左前方。（图 16）

图13

图14

图15

图16

第八动　跳涧上扑

左腿独立，右腿屈膝提起，目视左前方。（图 17）

第九动　仆步拍枪

上动不停，右脚提起向前涉跳，左脚上前成左仆步。同时，左手持枪使枪由左边下往上绞枪一圆圈，使枪尖绕成小圆花一个，再向前方下扑拍枪一次。（图 18）

第十动　左右拍枪

退步左拍枪：两腿变成马步，两脚往后双跳，同时双手使枪向左边下拍压枪一次，目视前方。（图 19）

退步左拍枪，不停双脚朝后腾跳，同时双手持枪向右边下拍压枪一次，目视前方。（图 20）

图17

图18

图19

图20

左下拍枪：不停，动作同上向左拍压枪。（图 21）

右下拍枪：不停，动作同上向右拍压枪。（图 22）

第十一动　弓步扎枪

双腿变成左弓步，同时双手持枪向前平扎枪，目视前方。（图 23）

第十二动　中平拦拿扎枪

身体右转成右弓步卧势，右手持枪撤到右肩上方，左手持枪滑到左边腿下闪势拦枪，目视左方。（图 24）

图21

图22

图23

图24

中平拿枪：左手持枪向胸前一翻，掌心朝下。同时，右手持枪翻到右腰际，身体变成马步，目视前方。（图 25）

弓步扎枪：双腿变成左弓步，同时两手使枪向前平胸直扎出，目视前方。（图 26）

第十三动　舞花枪

左脚收半步成左虚步，右手持枪滑把撤到右下边，左手持枪抡滑到左上边，目视正前方。（图 27）

右脚上半步成右虚步，同时，右手持枪前扑、左手持枪抡到右边肋下，枪尖向后，目视前方。（图 28）

图26

图25

图27

图28

原步，右手挽枪花到左上，左手持枪藏于右边肋下，枪尖头朝体前，目视前方。（图 29）

接上动不停，双手同挽枪花，右手向前，左手挽到左腿下边，枪头朝下。（图 30）

不停，左脚上前半步成左虚步，同时左手枪头向前扑抡，右手收到左肋下，目视前方。（图 31）

原步不停，左手向右边下挽抡枪。（图 32）

图29

图30

图31

图32

第十四动　苏秦披剑势

身体向左后转，同时右脚从背后退一步转身过来，右手持枪抡滑到枪尾把，变成苏秦披剑势，目视前方。（图 33）

第十五动　空中抛接枪

丢枪：身体变成矮左弓步，左手握着枪头，将枪的棍尾向空中抛去，目视枪把尾端下方。（图 34）

左手将枪头朝上抛去，用右手急忙上前接住空着抛去的枪尾把，目视抛枪上方。（图 35）

图33

图34

图35

第十六动　中平拦扎枪

左手上前拿住枪杆中间，身体后卧成右弓步，同时右手持枪撤到右肩上方处，左手稍往左下边翻枪做左下拦枪，目视左后。（图 36）

中平马步：双腿变成马步，同时左手持枪在前胸时翻压枪中平拿枪，右手持枪翻枪后收到右腰际，目视前方。（图 37）

扎枪：双腿变成左弓步，同时双手持枪向体前平扎枪，目视前方。（图 38）

第十七动　挑吐接拿枪

挑枪：双腿变成马步，同时双手分开经过头部向后，再背后肩上扛枪，左手持枪直臂上挑枪，右手于右肩后握枪，目视左前方。（图 39）

图36

图37

图38

图39

吐枪：右手握枪尾把向前送枪扎出，左手滑把接枪尾端向前下刺枪，右手上扬架掌于头右上方，右脚向后撩反踢起，目视前方。（图 40）

接拿枪：右脚落地成马步，右手接枪，右手握在枪杆中间滑把到腰际，目视前方。（图 41）

第十八动　穿胸吐枪

上动不停，身体右转，右手持枪使枪尾把向前右边拦把。（图 42）

转身穿吐：不停，身体向右转的同时，右手握着枪头由前腰部将枪向右前方平咽喉脖子处穿枪吐出。（图 43）

图40

图41

图42

图43

第十九动　拦闭枪

接上动不停，右脚退步卧势成右弓步，同时右手持枪撤到右肩上方处，左手滑枪把到左腿前下拦闭枪，枪尖朝左下方，目视左下。（图 44）

第二十动　跳步拿扎枪

拿枪：双腿变成马步，同时，左手持枪一翻向胸前绞枪下压做中平拿枪，目视前方。（图 45）

平扎：双腿变成左弓步，同时双手持枪向体前用力平扎枪，目视前方。（图 46）

图45

图44

图46

跳步：左腿独立，右腿上前屈膝提起，同时右手持枪把撤到右肩上方处，左手持枪在体左前下翻拦枪，目视左下方。（图 47）

第二十一动　跳步中平拿扎枪

右脚向前落地跳换一步，左脚上前成马步，同时左手持枪将枪头一翻，再在胸前一压，做拦拿枪动作，目视前方。（图 48）

平扎：双腿变成左弓步，同时双手持枪向体前用力平扎枪，目视前方。（图 49）

跳步：左脚独立，右腿屈膝提起，同时右手持枪撤到右肩上方处，左手持枪在体左前下翻拦枪，目视左下方。（图 50）

图47

图48

图49

图50

平扎：右脚向前落跳，换左脚上前成马步，同时左手持枪将枪头一翻，再在胸前一压，做拦拿枪动作，目视前方。（图 51）

双腿变成左弓步，同时双手持枪向体前用力平扎枪，目视前方。（图 52）

第二十二动　转身左右拨枪

此动为拔草寻蛇势。

身体左转，双腿随转身成交叉步，左脚在前右腿在后，双手握枪一拦摆枪，右手握枪把撤到右肩右上方处，左手滑把持枪在体前左下方，目视左下方。（图 53）

右拨枪：左脚上前成卧势右弓步，同时双手持枪使枪头向右边下方摆拨枪。（图 54）

图51

图52

图53

图54

左拨枪：右脚上前成卧势交叉步，同时双手持枪使枪头向左边下方摆拨枪。（图 55）

右拨枪：左脚上前成卧势右弓步，同时双手持枪使枪头向右边下方摆拨枪。（图 56）

左拨枪：右脚插在左腿后，同时双手持枪使枪头向左边下方摆拨枪。（图 57）

第二十三动　马步挑枪

左脚上前成马步，同时左手持枪使枪头向前上方挑击，右手持枪把贴在右腰部，目视左手前方。（图 58）

图55

图56

图57

图58

第二十四动　退步拨压枪

左避枪：左脚于右腿后撤一步，双腿成交叉步，左手持枪使枪头向左下边摆拨枪一次，目视左下方。（图 59）

右拦枪：右脚后滑一步卧势成右弓步，左手持枪向右边下摆枪一拨，目视前下方。（图 60）

左拨枪：左脚后滑一步插在右腿后，左手持枪使枪头向左下边摆枪一拨，目视左下方。（图 61）

仆步：右脚往后滑一步成左仆步，同时左手持枪使枪尖绞枪一大圈花，再向左前扑地压枪到裆前，目视前方。（图 62）

图59

图60

图61

图62

第二十五动　平扎枪

双腿变成左弓步，同时双手持枪向前平扎枪，目视前方。（图 63）

第二十六动　提膝拦枪

右脚独立，左腿屈膝提起，左手持枪使枪头向左下边拦枪一次，右手握枪把撤到右边头上部处，目视左前方。（图 64）

第二十七动　进步绞枪

左脚上前落地成左弓步，左手持枪使枪头向前绞枪一小圈花，左手向上伸直手臂，右手握枪把收到左胁下，双手直挺向前刺枪，目视前方。（图 65）

图63

图64

图66

第二十八动　横拦枪

右脚横上一步成右弓步，双手持枪向右横拦枪去，枪尖朝下，右手从肋下滑把抽出停于右头额前方上，目视前方。（图 66）

第二十九动　仆步压枪

右脚下滑一步成左仆步，同时双手持枪向身体裆前下扑压枪，目视前方。（图 67）

第三十动　左上刺枪

双腿变左弓步，同时双手持枪向左方上边刺扎一枪，目视左上方。（图 68）

图65

图67

图68

第三十一动　左下右上刺枪

急忙将枪收回，双手持枪连续又向左下边刺枪，目视左下方。（图 69）

又将枪收回，再向右边耳门刺枪。（图 70）

第三十二动　左带拨枪

左脚收半步成左虚步，双手持枪将枪头向左边耳门一带格拦枪，目视前方。（图 71）

图69

图70

图71

第三十三动　左下右上格枪

左脚后退一步成右虚步，右手持枪尾把向左下边一摆格枪，目视左下。（图 72）

原步，右手持枪尾把向右上边一带到头右边上，目视前方。（图 73）

第三十四动　左下扑枪

左手持枪使枪头向右前一绞枪，然后猛力向下拍枪，双腿同时变成左仆步，右脚屈蹲下伏，目视前方。（图 74）

图72

图73

图74

第三十五动　扎拿枪

身体立起变左弓步，同时双手持枪向前扎枪，目视前方。（图 75）

右脚向左上提起，双脚屈膝收腿腾空，右手向后一撤枪把收于右腰，左手持枪一翻腕压枪在胸前做中平拿枪，目视左前方。（图 76）

第三十六动　仆步闭枪

左手持枪在身体左下使枪头向下绞枪一圈后，右脚同时上一步插在左腿后膝内，目视左后前方。（图 77）

第三十七动　中平拿扎枪

左脚上一步成马步，同时左手持枪使枪头向右胸前翻枪后再停于左胸前，目视前方。（图 78）

图75

图76

图77

图78

双腿变成左弓步，同时双手持枪向前平扎枪一次，目视前方。（图 79）

第三十八动　左右摆枪

上身左转两手滑枪把，右手持枪尾把向头部左上边一摆靠枪，目视左下方。（图 80）

原步不变，上体右转左手持枪用枪头向右上边一摆靠枪，目视右上方。（图 81）

第三十九动　拦劈枪

右腿直立，左手持枪使枪头朝下挽一小圆花，左腿屈膝提起，左手持枪收到左膝下。右手持枪滑把撤到右头上上方，目视左下方。（图 82）

图79

图80

图81

图82

左脚腾起向前跳步下落，右脚上前一步成右弓步，上体回身左转，右手持枪尾把由右向左前上方向下劈把。（图 83）

第四十动　提膝摆枪

左腿直立，右脚屈膝提起，右手持枪尾把向右腿下沉甩挡地，目视前方。（图 84）

第四十一动　马步挑把

右脚上前成马步，右手持枪用枪尾把朝上挑枪，目视前上方。（图 85）

第四十二动　回身闭枪

身体向左转体成卧势右弓步，枪尖朝下，目视左下方。（图 86）

图83

图84

图85

图86

第四十三动　中平拿闭枪

两腿成马步，左手持枪使枪头一挽花翻到前胸端平，目视左前方。（图 87）

右脚上一步插在左腿后膝处，左手持枪使枪头朝下绞枪一圈闭枪，目视左后下方。（图 88）

不停，左脚上前成马步，照前做中平拿枪势，目视左前方。（图 89）

右脚上一步插在左腿后膝处，左手持枪用枪头朝下绞枪一圈闭枪，目视左后下方。（图 90）

图87

图88

图89

图90

不停，左脚上前成马步，照前做中平拿枪势，目视左前方。（图 91）

双腿变成左弓步，同时双手持枪向前平扎枪刺出，目视前上方。（图 92）

第四十四动　跳步压枪

原步不变，双手滑把分开，双手持枪朝上，横着枪杆一顶挡枪，目视前方。（图 93）

左脚收回成矮马步，双手持枪朝下压枪，目视前方。（图 94）

图91

图92

图93

图94

双脚向左转跳成马步，同时右手持枪使枪尾把向前下拍枪，目视前下方。（图 95）

第四十五动　扫把披枪

双脚向右转，接着同时起跳转身面向右边，同时双手持枪朝上一翻，左手持枪向前下拍枪，目视前方。（图 96）

身体向背后转、右脚从后倒退一步；同时右手持枪尾把从地下一倒扫枪，目视前方。（图 97）

两腿成马步势，右手持枪挽枪花成苏秦披剑势背后背枪，目视前方。（图 98）

图95

图96

图97

图98

正立收枪势：

苏秦披枪势后，接着做拦拿扎枪，目视前方。

拦枪：照前拦枪做。（图 99）

拿枪：照前拿枪做。（图 100）

扎枪：照前扎枪做。（图 101）

收枪正立：背面图解（图 102、图 103），正面图解（图 104、图 105）。

图99

图100

图101

图102

图103

图104

图105

（演练：刘涛）

六合双刀破花枪对练

该对练共有 30 动，主要练习枪法、双刀在实践中的攻防技法，使练习者娴熟武术的攻防作用，以对练提高练习者在实践中的胆气、技术和心理素质等。

第一动　起手：开门观日

敌我双方，手持器械面向而立。

使枪人：拿枪对拿刀的敌方头部一枪直刺去。（图 1）

拿刀人：用双刀朝上一架格挡防守，左脚上前成左弓步。（图 2）

第二动　龙虎争斗

使枪人：将枪向左下一摆枪，枪尖朝下，左腿屈膝提起。

拿刀人：用双刀朝上一挡后分开，左脚稍横纵跳半步随身体右转转身成卧势，双手持刀在上掀到左肩上方，目视敌方。（图 3）

图1

图2

图3

第三动　鲤鱼翻浪

拿刀人：用双刀扫砍对方双腿，同时带刀车转过来变右弓步。

使枪人：左脚落地跳过敌方圈外去，右脚上前成右弓步卧势，目视敌方。（图 4）

第四动　双峰贯耳

使枪人：向敌方跳过来，左手持枪头对敌方左耳一枪刺去。

拿刀人：收成左虚步，用双刀向自己的左耳边带刀防守格挡。（图 5）

使枪人：收回枪又向敌右边耳门一枪刺击。

拿刀人：原步用双手刀朝右边耳边带刀格挡。（图 6）

图4

图5

图6

图7

图8

图9

第五动　迎门接客

使枪人：向敌方头部一枪刺去。

拿刀人：左脚上前用双刀朝上接领。（图7）

第六动　鱼跃龙门

使枪人：左脚收回屈膝上提，将枪摆向左下边，右手持枪尾把在体前上准备跳过门。

拿刀人：左脚上前横踩半步，同时右脚向背后转身成左卧势，双手朝上持双刀掀起到左肩上方准备扫腿。（图8）

使枪人：双脚一跳起躲过来刀，转体车过面来。（图9）

拿刀人：用双刀扫砍对方双腿，将双刀顺势再掀到右肩上成右弓步。

使枪人：左手持枪向敌方左耳刺去。

拿刀人：用双刀往左上变为带刀格挡。（图 10）

第七动　指天画地

使枪人：收回枪，又向敌方右边上刺枪。

拿刀人：用双刀朝右边上带刀一格挡。（图 11）

使枪人：收回枪，又向敌方左腿下刺枪。

拿刀人：急将左脚屈膝提起，左手刀扶握胸前上，右手刀朝下格挡来枪。（图 12）

图10

图11

图12

图13

使枪人：收回枪，又向敌右边腿下刺枪。

拿刀人：右手持刀翻腕，向右腿下边回格挡枪。（图 13）

使枪人：收回枪，又向敌方头部刺枪。

拿刀人：左脚上前成左弓步，用双刀朝上架刀格挡敌枪。（图 14）

图14

第八动　浪子拾柴

使枪人：收回枪，又向敌裆下刺枪去。

拿刀人：将刀往上一架压挡敌方来枪枪头。（图 15）

图15

第九动　美女照镜

拿刀人：左脚落地成右弓步，用双刀撒开敌来枪，双手刀由背后下摇起来向敌前双刀劈砍。

使枪人：双手分开用枪杆横着朝上领挡接刀（图 16）

图16

第十动　叶底偷桃

拿刀人：收回双刀，再向敌裆下刺刀。

使枪人：用枪杆横着朝下压枪挡防敌来刀。（图 17）

图17

第十一动　力劈华山

拿刀人：抽出双刀向左边一跳，用双刀由上往下砍击敌方。

使枪人：左手持枪用枪头向左下边拍枪压刀。（图 18）

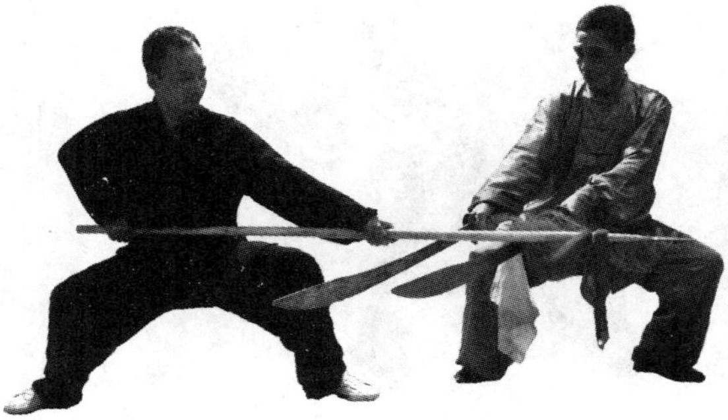

图18

图19

拿刀人：双刀朝上掀向右边跳步，持双刀从上往下砍压敌来枪尾把。

使枪人：双脚一跳，转体车过面来，将枪上掀起再下拍枪压挡敌来刀。（图19）

第十二动 泰山压顶

使枪人：右脚向右转车过面来成左弓步，用枪头向敌方头部刺击。

拿刀人：成右弓步用双刀朝上格架来枪。（图20）

图20

拿刀人：双刀向上掀枪，身体向右，右脚从背后退步随转身车过面来，双刀再上掀起后向敌左肩上砍击。

使枪人：左腿屈膝上提，将枪向左边一摆枪格挡来刀，枪尖朝下、枪尾把朝上。（图21）

图21

图22

第十三动　横扫千军

拿刀人：用双刀向敌方双脚扫砍去，转身过来双手再掀刀到右肩上部。

使枪人：左脚上前点地涉步跳起，过门转身成右卧势持枪。（图22）

图23

第十四动 拦腰偷袭

使枪人：左手持枪对敌方左腰部背后刺枪。（图23）

拿刀人：转过身来用双刀夹着敌来枪杆，左腿屈膝提起。（图24）

图24

图25

第十五动 徒手对刀

拿刀人：左脚上前用双刀向前推枪再刺向敌虎口。

使枪人：将枪落在地下。（图25）

图26

二人同样双手甩于体后，右脚上前马步对峙站势。（图26）

第十六动 连环破刀

拿刀人：用右手刀向敌面一甩砍刀。

使枪人：左手从上往下扒开来刀之手部。（图27）

图27

拿刀人：右手向后甩，用左手当面一刀剁砍敌方。

使枪人：用右手往下扒开来刀之手。（图 28）

图28

拿刀人：用右手持刀连续三次向前甩砍敌方。

使枪人：用左手三次挡扒敌来刀之手。（图 29）

图29

第十七动 乌龙摆尾

二人同样照前双手甩于体后，相对站势而立。（图 30）

图30

拿刀人：掌心朝上用双刀对敌头颈部夹刀砍击，双手合力抱刀。

使枪人：身体往下蹲沉躲闪开来刀。（图 31）

拿刀人：掌心一翻对敌方脚分砍一刀。

使枪人：往上一跳，躲开双刀砍击使之空砍。（图 32）

第十八动　降龙伏虎

拿刀人：用右手刀向敌方左边砍击，身体稍向左转。

使枪人：用左手将敌之右手扑按住。（图 33）

图31

图32

图33

第十九动　迎门接客

拿刀人：用右手斩刀，左手刀向敌右边砍击。

使枪人：翻跳过来，用右手压着敌之左手来刀，将其刀击落。（图 34）

图34

第二十动　腾云驾雾

拿刀人：掉了左手刀，用右手刀随双脚转身一跳转身过来对敌下砍一刀。

图35

使枪人：同时双脚一跳转过身来，用左手压着敌右手刀。（图 35）

第二十一动　罗汉踢灯

拿刀人：右手刀朝上抽砍从敌方的头上瞒过，往下扫砍敌方腿部。

使枪人：双脚涉步跳起，用左手拍击自己的右脚打挂腿，扫踢敌方头部。（图 36）

图36

第二十二动　瞒天过海

拿刀人：用右手刀向敌背部砍击。

使枪人：将头低下从背后瞒空来刀。（图 37）

图37

第二十三动　抱虎归山

拿刀人：身体向右转，右脚从背后退一步转过身来，右手亮刀。

使枪人：将身体站起来。（图 38）

图38

拿刀人：用右手刀对敌方的两腿扫砍。

使枪人：用双脚上前一步跳转身过来成右卧势。（图 39）

图39

第二十四动　龙虎争雄

拿刀人：用右手刀向前对敌方砍击。

使枪人：用双手向前架接来刀之手。（图 40）

第二十五动　顺水推舟

使枪人：用右手将敌方的右胳膊一扭，左手拍击敌右肩部。

拿刀人：将身体向左转身。（图 41）

图40

图41

图42

第二十六动　浪子踢球

使枪人：摆脱敌方的夺刀，左腿飞起一脚踢击敌方。

拿刀人：向前翻滚躲过来腿踢击。（图 42）

第二十七动　力劈华山

使枪人：接着刀、右脚上步用右手刀对敌方面部砍击。（图 43）

拿刀人：双手一接敌刀砍来之手。（图 44）

第二十八动　顺水推舟

拿刀人：用右手将敌方左手一扭，用左手拍击敌左肩部。

使枪人：身体向左转身过来。（图 45）

图43

图44

图45

拿刀人：夺过单刀，用左脚对敌屁股飞腿踢一脚。

使枪人：双手向前双腾脚涉扑地。（图46）

图46

第二十九动　云中挂腿

敌我双方同样做拳架子势。

使枪人：可用涉起身来，打挂腿出架拳。

拿刀人：收刀挽花披刀，打挂腿出架拳势。（图47）

图47

第三十动　摘星换斗

二人同样做。左拳压于裆前，左脚相向向上踢起一腿。右手掀后架拳于头部右上方。（图48）

全套对练完毕。

图48

（演练：汪汉平　刘涛）

四喜头砍马腿双刀破花枪

该对练仅 31 个动作，训练双方的攻防技能和胆识，达到技法娴熟，反应敏捷，胆识超群的作用。

一、四喜头

第一动　起势：龙争虎斗

持枪人与持双刀人，准备交手势。

使枪人：成左弓步，左手握枪右手屈臂上架掌，左脚上前、左手向前扶在枪杆末端。

拿刀人：左脚屈膝上提，右手上掀、左脚落地一跳，右脚上前屈膝提起，右手握刀前摆，左手握刀摆于体后方（图 1、2）

图1

图2

图3

第二动　迎门接客

拿刀人：

左脚上前用双刀往上架挡来枪。（图 3）

原步，用双刀朝下架格来枪。（图 4）

用右手刀向左边砍靠，左手持刀甩于体左后下。（图 5）

使枪人：

成左弓步对敌头上一枪扎刺。（图 6）

原步，向敌腿下刺枪。（图 7）

图4

图5

图6

图7

图8

原步，右手用枪尾把向身体左边上摆靠阻挡敌之来刀。（图8）

第三动　右靠

使枪人：原步，用枪把向上右边一摆靠枪。

拿刀人：用左手刀向右边一摆靠枪防手。（图9）

图9

第四动　满头刺枪

使枪人：枪收回后，向敌方的头左边刺瞒头来一挽枪。

拿刀人：将头由右向左边一个挽刀。（图10）

图10

第五动　挽花

双方左脚收回半步，各自将枪或刀收回。枪尖朝下，刀尖朝上。

第六动　踩步挽花

双方右脚上步，同时各自挽刀枪之花。（图 11）

第七动　双扑反靠

双方左脚从背后倒退一步转体车过面来过门。（图 12）

使枪人：用枪尾把向右肩上扫刀。

拿刀人：用双刀朝右肩上一翻格挡。（图 13）

图11

图12

图13

使枪人：由后下向前挑枪。（图 14）

图14

第八动　翻身下靠

二人同时向左转身车过面来，拿枪人枪头朝下，用枪把同拿刀人器械接触一靠。（图 15）

图15

第九动　上接下搭

使枪人：用枪尖朝上劈枪。

拿刀人：用双刀朝上顶架接枪。（图 16）

图16

用双刀朝下搭枪，扒开敌来枪。（图 17）

使枪人：枪尖藏于右腋之后下，右手持枪把上挑。

第十动　左靠右摆

左靠：二人同样。左摆靠，动作照前。

右摆靠：右摆靠，动作照前。

两人收回器械，动作照前。

第十一动　挽花

双方同时持器械挽花。（图 18）

第十二动　双扑过门

过门双扑，动作照前。（图 19）

图17

图18

图19

第十三动　反靠

回头右肩上反靠，动作照前。（图 20）

第十四动　下靠

左转下靠，动作照前。（图 21）

四喜头完毕。

图20

图21

二、砍马腿

第十五动　下劈上挑

使枪人：用枪尾把过头劈下。

拿刀人：用双刀朝上接顶击来枪把。（图 22）

图22

图23

使枪人：用枪头由后向前挑枪。

拿刀人：用双刀朝下搭扒来枪。（图 23）

第十六动　左右靠

左边摆靠，二人动作照前。（图 24）

右边摆靠，二人动作照前。（图 25）

图24

图25

图26

第十七动　砍马腿

使枪人：对敌瞒头一枪，将枪收回枪尖朝下枪尾把朝上。

拿刀人：右脚上步，用右手刀对敌的枪头砍去。（图 26）

图27

第十八动　披刀披棍

拿刀人：右脚退步成右弓步，右手刀翻到背后披刀。

使枪人：腾身一跳，右脚上前用枪尾把对敌背后劈把。（图 27）

第十九动　双手上掀

使枪人：右手将枪尾把带到右下边。

拿刀人：将双刀收到右肩上方。（图 28）

两人朝下扫腿一次，过门。（图 29）

图28

图29

第二十动　反靠

过门反靠，动作照前。（图 30）

第二十一动　转身下靠

转身下靠，动作照前。（图 31）

第二十二动　上顶架格

上顶架格，动作照前。（图 32）

图30

图31

图32

第二十三动　下搭

下搭，动作照前。（图 33）

第二十四动　左右摆靠

左摆靠，动作照前。（图 34）

右摆靠，动作照前。（图 35）

图33

图34

图35

第二十五动　瞒头砍腿

瞒头砍腿，动作照前。（图 36）

第二十六动　披刀拦棍

披刀拦棍，动作照前。（图 37）

图36

图37

第二十七动　提膝独立势

左脚屈膝上提，右腿独立。动作照前。（图 38）

第二十八动　扫腿

两人朝下双扫腿，过门。（图 39）

图38

图39

图40

第二十九动　反靠

二人过门换过来，同时回转从右肩上一反靠。（图 40）

第三十动　转身下靠

身体向左转身过来，二人朝下一靠。（图 41）

图41

第三十一动　收势

使枪人：用枪尾把向左上边一靠。

拿刀人：用双刀朝左上边一靠。（图 42）

图42

二人同样向右边转，挽花转成苏秦披剑势。（图 43）
双方右腿独立，用左腿向上方踢击一腿。（图 44）
再各自收势器械走开对练结束。

图43

图44

（演练：汪汉平　刘涛）

大刀破锚枪

该对练有 39 动，练习大刀与枪法的攻防技能，主要是提升持器械者的武术实战实用水平。

起手：

双方持刀、枪，面对面直立。（图 1）

第一动　左右摆靠

左摆靠：敌方他用左脚上前成左弓步，右手使枪尾把向我左边摆枪打来。

我提左脚上前成左弓步，右手握刀使刀口向左边上格挡靠击他的枪尾把。（图 2、3）

图1

图2

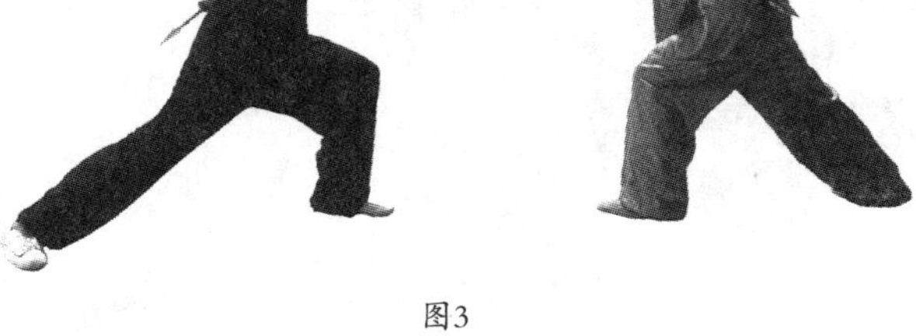

图3

右摆靠：敌方他原步不变，右手使枪头把向我左上边摆枪接我的刀尾打来。

我提左脚，左手握刀使刀尾把向右上边格挡靠击他的枪头。（图4、图5）

第二动　迎门砍劈

我原步不变，右手使刀口向前过头对他砍去。

敌方他不变步，两手分开，持枪朝上平横枪身往上接顶。（图6、图7）

图4

图5

图6

图7

第三动　挑尾

我原步不动，右手刀向后一带，右手刀尾向敌方他的胸前挑把。

敌方他步亦不变，双手使枪杆朝下压搭我的刀尾。（图 8、图 9）

第四动　大裹头

我右脚上前成右仆步，同时右手使刀向敌方他过头砍去。

敌方他身体往后卧成右仆步，使枪头随我刀滚下、往下压我刀。（图 10、图 11）

图8

图9

图10

图11

第五动　翻刀挑手

我左脚在后提起来，使刀口朝上一翻，剁他的左手。

敌方上提他的左脚，左手急忙松开，右手握枪把上提到他右腰际。（图 12、图 13）

我左脚落地，右脚上前屈膝提起，身体向左转过面来，将刀朝下披闭刀势。

敌方他左手将枪一端格挡，双腿成高马步。（图 14、图 15）

图12

图13

图14

图15

第六动　上下格挡

我右脚上前一跃步，左脚赶右脚，然后右脚上前，转过面来成左虚步，用刀尾朝左边肩上一摆，格开他的枪头。

敌方他赶上左脚上前，用枪向我左肩刺枪一次，我用刀尾一带。（图 16、图 17）

敌方他原步不变将枪收回，又向我左边腿下一枪刺来。

我退左脚（或右脚）成卧势，同时用刀向左腿下摆格挡来枪。（图 18、图 19）

图16

图17

图18

图19

第七动　左格右挡

敌方他原步不变，持枪向我右肩上一枪刺来。

我将右脚收回半步，用刀头朝右肩上摆带格挡来枪。（图 20、图 21）

第八动　右披刀

敌方他原步将枪收回，又向我右腿下一枪刺来。

我将刀朝下翻腕披刀，左脚插在右腿后，右手使刀口格挡他的枪头，右手伸直，左手藏在身右肋下。（图 22、图 23）

图20

图21

图22

图23

第九动　三环套月

敌方他的双脚往后连退三步，同时用枪头连向我身体的右下边刺三枪。

我右脚上前连催三步闪走，同时向右边腿下连摆刀三次，他退我赶。（图 24、图 25）

第十动　诈降势

我朝右披刀，急忙涉步跳走，右脚上前，面向后视等他赶来。

敌方他一大箭步赶上来，右手握枪上前提枪向我平刺。（图 26、图 27）

图24

图25

图26

图27

第十一动　乌龙摆尾

敌方他一箭步上前成左弓步，向我左边肩上一枪刺来。

我退转身来成左虚步，用刀尾向左上一带格挡他的枪头。（图 28、图 29）

第十二动　哪吒探海

敌方他原步不动将枪收回，急忙向我左腿下一枪刺来。

我退左脚成卧势右仆步，右手使刀朝前向左腿下边一格挡。（图 30、图 31）

图28

图29

图30

图31

第十三动　右格挡

敌方他原步不动将枪收回，急忙向我右肩上一枪刺来。

我右脚收半步成右虚步，使刀由下向右边肩上一带格挡。（图 32、图 33）

第十四动　上劈下挑

我右脚上前成右弓步，用刀口上前对敌面部过头砍去。

敌方他退左脚成右弓步，双手分开朝上横顶枪格挡。（图 34、图 35）

图32

图33

图34

图35

我左脚上前成马步，将刀向前挑把。

敌方他退右脚成马步，用枪杆把横着，朝下搭压刀。（图 36、图 37）

第十五动　上劈刀

我急变成左弓步，右手使刀从后向前过头拗步向敌砍去。

敌方他变成左弓步，用横枪杆把朝上顶接刀。（图 38、图 39）

图36

图37

图38

图39

第十六动　左右挡靠

敌方他用枪尾把向我左边肩上摆击打来。

我原步使刀口向我左边肩上摆挡，靠敌方他的枪尾把。（图 40、图 41）

敌方他用枪头向我右边肩上摆击打来。

我将刀尾把向我右边肩上摆挡靠击敌来枪头。（图 42、图 43）

图40

图41

图42

图43

第十七动　双跳压枪

敌方他用枪头压我的刀尾把。

我急忙用刀从右腿上前后挽将他的枪头往下一压。

同时两人双脚一跳转过身来，向左下边一拍靠。（图 44、图 45）

第十八动　右跳双压

敌方他用枪头往上一翻，双脚向右边一跳，使他的枪尾把压搭我的刀尾把。

我同时双脚一跳，用刀尾把往上一翻，向右边压下他枪杆。（图 46、图 47）

图44

图45

图46

图47

第十九动　倒步刀扫腿

我身体向右转，右脚倒步车过面来，用刀扫砍他的双脚。

敌方他身体向右转，双脚随转身一跳车过面来，右手使枪向前成端枪势。（图 48、图 49）

第二十动　左压枪

敌方他用枪对着我右耳边刺来。

我用刀将他的枪头朝下压于裆前，二人均沉身马步下蹲。（图 50、图 51）

图48

图49

图50

图51

第二十一动　瞒头扫腿

敌方他用枪头往上抽枪，急忙双脚一跳沉身。

我的刀随他的枪往上一翻，瞒过他的头，沉身用刀扫他的双脚。（图 52、图 53）

第二十二动　右边带刀

敌方他变成左弓步，用枪头对我右边耳门刺来。

我用刀向右肩上一带格挡，右脚收回半步成虚步。（图 54、图 55）

图52

图53

图54

图55

第二十三动　扫脚过门

我两脚上前，右脚先上，左脚跟上，使刀向前对他的两腿扫刀砍去。

敌方他将枪收回，向左后边一摆，提左脚一跳转过面来成右弓步。（图 56、图 57）

第二十四动　迎门劈刀

我转过身来，左脚上前，双手持刀对他的头上当面砍去。

敌方他退左脚，用枪把横着朝上顶接我刀把杆。（图 58、图 59）

图56

图57

图58

图59

第二十五动　上步挑尾

我上左脚成马步，用刀尾由下往上一挑。

敌方他退步，用枪尾把当面朝下一压。（图 60、图 61）

第二十六动　迎门劈刀

我右脚上前一步，用刀过头对敌砍去。

敌方他退步用枪棍往上接顶。（图 62、图 63）

图60

图61

图62

图63

第二十七动　上步挑尾

我上左脚用刀尾把由下朝上对他的胸部一挑。

敌方他退步，用枪杆把往下一压。（图 64、图 65）

第二十八动　下步左靠

敌方他上右脚，用枪尾把向我的左边摆甩打来。

我退左脚，用刀朝左上摆靠他的枪尾把。（图 66、67）

图64

图65

图66

图67

第二十九动　下步右摆

敌方他上左脚，用枪向我右边上摆刺枪扎来。

我急忙退右脚，用刀尾把向右上边摆把靠挡。（图 68、图 69）

第三十动　下步左摆

敌方他右脚上前，用枪尾把向我左边摆甩打来。

我退左脚，用刀向左边拦摆靠挡。（图 70、图 71）

图68

图69

图70

图71

第三十一动　退步右边带刀

敌方他左脚上前，左手使枪向我的右边一枪刺来。

我退步用刀口向上右边格枪挡带。（图 72、图 73）

第三十二动　提脚收刀

敌方他的左脚往上一提，用枪把往左上拦打。

我提右脚上前，将刀把上掀后往下一沉，准备扫砍他的双腿。（图 74、图 75）

图72

图73

图74

图75

第三十三动　扫腿迎门双跳

我右脚先落地，然后左脚上前一步，再右脚上前，同时使刀向前，对敌的双脚扫砍。

敌方他上左脚跳起，落地后使枪头朝左下披枪扎我，转过面来成右弓步。（图 76、图 77）

第三十四动　当面劈刀

我原步变左弓步，用刀口向前敌过头砍去。

敌方他变成左弓步，将枪杆把横着朝上顶挡拦。（图 78、图 79）

图76

图77

图78

图79

第三十五动　挑尾

我原步用刀尾从下朝上一挑。

敌方他用枪杆把朝下一压枪。（图 80、图 81）

第三十六动　左靠

敌方他用枪尾向左边一摆枪。

我用刀向左上边摆靠。（图 82、图 83）

图80

图81

图82

图83

第三十七动　右靠

敌方他用枪头向右边上摆。

我用刀尾向右上靠挡。（图 84、图 85）

第三十八动　苏秦披剑

二人回靠之后，各人收回挽花变成马步或者成虚步，往后成苏秦披剑势，左手向前出柳叶掌，右手持械在后，停在右手后侧。（图 86）

图84

图85

图86

第三十九动　文武请手

二人转身过来朝正前方，上步成虚步文武请手。（图 87）

双人各自持器械，收步直立。（图 88）

图87

图88

（演练：汪汉平　刘涛）

虎头双钩

虎头双钩属武术奇门兵器之一，有33动，主要以钩头抡、扫、挂、盖、击、挑为进攻方法，同时辅以虎钺之刺、划、带、抹、夹、挂等技击作用，来攻击敌方。

双钩如兄弟，相互掩护，如影随形，连追带打，穷追猛打，其攻防作用显著。

两脚品字站立正势，双手握钩垂下端平，两臂稍弯曲，眼向前平视。（图1）

第一动　弓步双推

左脚上前成左弓步，双手钩收到两腰际再向前平直推去，与两胳膊平肩高，目视前方。（图2）

第二动　歇步后甩

提右脚上前拗步在左腿外边，上体左转回身成交叉歇步，双手钩甩挂在右边腿下，目视前方。（图3）

第三动　靠胯

左脚独立支撑身体，右脚屈膝提起。双手钩由后下经过面前，绕到左边胳膊上右手钩垂下直臂反手外刺，左手钩垂下藏于右手下边，目视前方。（图4）

图1

图2

图3

图4

第四动　平推

左腿立直，右脚后提，双手钩向前持钩直推击，目视前方。（图 5）

第五动　落膊

右脚落地成马步，左手钩向前推去，右手钩收到左边胁下，目视前方。（图 6）

第六动　正反云手

反云手：左脚上一步，右脚跟上一步成马步，同时右手钩挽翻云手向右旋转，左手钩绞过头背后，右手钩跟上，右手摆直，左手钩甩到右胁下，目视前方。（图 7）

正云手：向左转，右脚上一步，左脚倒退一步成马步正云手，右手钩经过体前挽到左胁下，左手钩经过体前甩到左边伸直推钩，目视前方。（图 8）

图5

图6

图7

图8

第七动　迷膝

身体右转，右腿屈膝提起，右手持钩甩于右膝下，左手钩掀起于左头上，目视前方。（图 9）

右脚向前腾步跳起后落地，左脚屈膝上提，左手钩挽翻掀起高过头，左手钩甩于体后下面，目视前方。（图 10）

此二动双迷膝，腾跳换步，先后双脚跳，右腿插下成仆步。

左脚前跳落地，右脚向前插下成右仆步，右手钩甩于右腿下，左手钩在头上掀起，目视前方。（图 11）

第八动　迷甩提膝

转身过来，左脚屈膝提起，左手钩甩于左膝下，右后钩上掀于头右上后方，目视前方。（图 12）

图9

图10

图11

图12

第九动　迎门拗劈

左脚上前成左弓步，右手钩向前劈下，左手钩甩于身体左边后下侧。（图 13）

右脚向后横滑退步，右手钩头上从沿膝甩下卧势成左弓步，左手钩向后上掀起，目视前方。（图 14）

右脚提起腾跳，左脚上前成左弓步，右手钩绕起来向前横劈，左手钩甩于体后下边，目视前方。（图 15）

第十动　迷膝

身体右转过来，右脚屈膝提起，右手钩甩于右膝前，左手钩上掀架起，目视前方。（图 16）

图13

图14

图15

图16

第十一动　腾步横劈

右脚腾步落地，身体右转，左脚上前成左弓步，双手钩摇动，右手钩前劈，左手钩甩于体后，目视前方。（图 17）

第十二动　仆步跨腿

原步不动，面向右转，右手从上甩下，落于右腿成仆步前上，左手钩上掀，目视前方。（图 18）

第十三动　上步正云手

右脚上前一步成虚步，同时右手持钩手臂弯曲到头上后再落向体前，再左手钩收藏于右边肋下，目视前方。（图 19）

左脚往后倒退一步成马步，同时身体左转，右手钩在头上经过背后，左手钩由下屈臂绕到背后，左手钩向前甩直，右手钩收于左肋下，目视前方。（图 20）

图17

图18

图19

图20

第十四动　迎门钩劈

左腿直立，右腿屈膝上提转身过来，右手钩速甩于右膝后，左手钩同时也在体后钩挂，目视前方。（图 21）

右脚落地前跳，左脚上前成左弓步，双手勾在手腕前后上下立圈绕花各一个，再向前抡劈去，两手臂伸直平肩高，目视前方。（图 22）

第十五动　双抱双分

右腿屈膝半蹲，左脚收成虚步，两手钩双抱合拢于体前，右手在上、左手在下，双手掌心均朝上，目视前方。（图 23）

右脚上半步成虚步，双手钩翻腕掌心朝下，双手分开成一字势，目视前方。（图 24）

图21

图22

图23

图24

第十六动　浩步双抱

左脚上前半步，双手不停，照前合抱双钩于体前。（图 25）

不停，右脚上前半步，双手持钩分开十字势，目视前方。（图 26）

第十七动　右剁腿

右手握钩朝右边速甩于膝下，左手钩上掀过头，右脚向身体上方踢腿，目视前上方。（图 27）

右脚落地成马步，同时右手钩绕起来向前下劈，左手钩在后，平肩稍高体左，伸直手臂成立钩，目视右前方。（图 28）

图25

图26

图27

图28

第十八动　左右挽花

身体左转，右脚上步成右虚步，双手钩往下甩于体前，目视前方。（图 29）

左脚上前半步成左虚步，同时带正云手，身体右转，右手绕弯到左边下，左手钩绕到右边下，左手在右手上合抱双挽花，目视前方。（图 30）

双手挽花带反云手向左转身绕到前面，左手在上、右手在下，同时右脚屈膝上提，目视前方。（图 31）

第十九动　涉步劈钩

右脚上前落地，左腿交叉插落在右腿后腿后伸直，右手钩向前绕起来劈，左手钩甩在头后左上，目视右前方。（图 32）

图29

图30

图31

图32

第二十动　鹞子翻身

身体左转、车过面来成高马步，右手由下往体前朝上钩挂架起，左手钩由上翻下到身体的左后下边倒钩，目视右前方。（图 33）

双脚腾跳身体后转一周，落成马步，右手钩向前一劈，右手臂伸直。左手平肩成一字长型，目视右前方。（图 34）

第二十一动　回头望月拗劈

左脚落地成左弓步，左手钩向前劈下，右手钩甩于体后下，目视前方。（图 35）

右脚上前成右弓步，右手钩在裆前挽花，上前顺势劈下，目视前方。（图 36）

图33

图34

图35

图36

右手钩甩于体后下，左手钩向前劈下，目视前方。（图 37）

左脚向前，左手钩向前弯臂挽花由上顺势劈下，目视前方。（图 38）

第二十二动　上步三甩腿

身体转身，左腿独立，右脚屈膝上提。右手钩于膝前反撩钩，目视前方。（图 39）

右脚下落，左脚上步，同时左手甩钩，右腿前踢，右手钩向下钩劈，目视前方。（图 40）

图37

图38

图39

图40

右脚上前落地，右手反钩甩于膝下，左手钩上掀于左头后上方，目视前方。（图 41）

右脚向前上方剁腿踢击，右手钩甩于后下，左手钩上掀于左头后上方，目视前方。（图 42）

第二十三动　马步长劈

右脚落地成马步，右手钩绕起来一剪腕立圈花顺势向前长手钩劈，左手同时挽后撑直手臂，双手成一字型，目视右前方。（图 43）

右腿屈膝提起，落地成右弓步，右手钩后甩，左手钩向前拗劈，目视前方。（图 44）

图41

图42

图43

图44

第二十四动　刘海戏蝉

挽正云手双钩绕过头上方，右脚向后悬撩上踢，双手钩分开成山字型，为海底捞沙、刘海戏蝉势，目视左后方。（图 45）

第二十五动　金鸡独立

转身过来，左腿独立，右脚向前收回屈膝提起，右手钩甩于右膝外下边倒挂钩，左手立钩上掀于头部左后上方，目视前方。（图 46）

右脚上前插下成仆步，右手钩挽起向右腿前下反钩甩去，左手立钩收藏于右肋下，目视前方。（图 47）

第二十六动　回头望月

身体向右转身过来成左仆步，左手钩从右肋下向左腿上反钩甩去，右手立钩上掀于头右后上方，目视前方。（图 48）

图45

图46

图47

图48

右脚成右仆步上前扫腿，右手钩经过面前朝右腿甩去，掌心朝外，左手立钩上掀于头左后上方，目视右前方。（图 49）

左脚成仆步上前扫腿，左手钩从头左后向左腿前上甩去，右手立钩往上掀起于头右后上方，目视左前方。（图 50）

第二十七动　马步平刺

右脚上前身体左转成马步，右手在头后下落，于右肩高时向前平钩刺去，左手钩由下直举到头左边后上方成平钩势，目视右前方。（图 51）

第二十八动　金鸡独立掀钩

身体向左转回头，转身过来。右腿独立，左脚屈膝上提，左手平钩收到右肋下，右手立钩上掀起于头右后上方，目视左侧前方。（图 52）

图49

图50

图51

图52

第二十九动　左右挽花

左脚落地，右脚上前成右虚步，身体左转，右手钩从头上挽花到左下边，左手在右肋下，双抱钩于体前，目视前方。（图 53）

右挽花：左脚上前成左虚步，双手钩挽花一大圆圈带正云手势，向右边手臂交叉，双抱合拢于体前，目视前方。（图 54）

左挽花：右脚上前成右虚步，向左边面前，双手分开挽一反云手大圈圆花，双手持钩手臂交叉合拢抱着，目视前方。（图 55）

第三十动　白马分鬃

左脚上前成左虚步，双手分开向前向右上再往下扑成剪子架钩，目视前方。（图 56）

图53

图54

图55

图56

姿势保持不变，唯需要步法连倒退几下。

左脚后退一步，双手钩朝上分开，照样连退几步，目视前方。（图 57）

涉步向前右脚退步，双手手腕朝内旋翻，双手挽到两边臂腋窝处抱着双钩，目视前方。（图 58）

右脚上前浩步几步，不停做双分双合钩手，目视前方。（图 59）

左脚上前，浩步不停，双手持双钩由上朝两边肩胳膊屈臂，双抱钩合拢，目视前方。（图 60）

转过来回头，左腿独立、右脚屈膝提起，右手反钩朝下甩于右腿下，左手立钩上掀于头左后上方，目视右前方。（图 61）

图57

图58

图59

图60

图61

第三十一动　滚子

右脚落地，左手钩向前立钩直推，双手立钩架成剪子势，目视前方。（图 62）

双手往怀中抱钩，左脚上前一步，用左肩着地往前低头团身滚翻过去，双脚腾起后上摆随滚翻立起，目视前方。（图 63）

身体在地上团身翻滚过来，双脚落地站起沉身半蹲马步，双手握成平钩，目视前方。（图 64）

左脚上前弓步，右腿在后挺直，双手从两边腰中向体前中平刺钩推去，目视前方。（图 65）

图62

图63

图64

图65

第三十二动　金鸡抖腿

重心后移于右腿屈膝半蹲，左脚收回半步成虚步，左手立钩收于右胁下，右手立钩上掀于头右后上方，目视左侧前方。（图 66）

左脚向体前上方踢击一腿，目视前方。（图 67）

第三十三动　文武请手收势

左腿落下，转身成并步直立，双手钩收抱于腰际。（图 68）

上左脚成虚步，文武请手。（图 69）

并步收势。（图 70）

图66

图67

图68

图69

图70

（演练：汪汉平）

斧钺

斧钺，民间又称之为斧。该套路有35动，以砍、夹、抡、劈、带、扫、挖、架为技法，双斧连环，相互作用，互相配合，用于有效地砍击敌方。

第一动　起势

身体直立，两脚品站。两手垂下，手持斧钺贴靠在两边大腿外，目视前方。（图1）

第二动　弓步拗劈

右脚上前成右弓步，右手持斧钺向前劈砍，目视前方。（图2）

第三动　挤步平砍

左脚提起上前成弓步，右脚后跟半步，右手持斧钺甩于体后，左手持斧钺向前平胸推砍，目视前方。（图3）

第四动　倒步扫砍

身体右转，右脚从背后倒扫腿，同时双手持斧钺沉身平砍，双手顺势上掀到头右边后上方，双腿卧势变成右弓步。（图4）

图1

图2

图3

图4

第五动　拗砍

左脚提起上前成左弓步，左手持斧钺向前砍劈，右手持斧钺甩于身体的右下边，目视前方。（图 5）

第六动　平推砍

左脚上前滑半步，右脚跟滑半步，左手持斧钺向前平推砍，目视前方。（图 6）

第七动　倒步扫腿

右脚从背后倒步卧势成右弓步，转身同时双手持斧钺向左边扫砍，两手顺势掀于头右上方，目视前方。（图 7）

第八动　提膝左腿

右腿独立，左脚屈膝上提，上体右转，双手持斧钺由上向前、左膝前两边向下甩砍，目视前方。（图 8）

图5

图6

图7

图8

第九动　双劈

左脚向前落地成左弓步，双手持斧钺从背后掀起，向前双砍去，目视前方。（图 9）

第十动　双砍甩膝

右腿独立，左脚上前屈膝上顶，同时两手持斧钺由上往下甩在两边腿后，目视前方。（图 10）

第十一动　剁腿

右腿独立，左脚向前上方踢击，目视前方。（图 11）

第十二动　双摇长劈

左脚急忙落地，右腿屈膝上提，右手持斧钺上掀，左手持斧钺撤于身体左后下方，目视前方。（图 12）

图9

图10

图11

图12

右脚向前落地成马步，右手持斧钺由后再向前抡砍，左手持斧钺后甩成一字长形，目视前方。（图 13）

第十三动　甩腿压膊

身体左转变成左仆步，左手持斧钺朝左前甩砍，目视前方。（图 14）

左手持斧钺朝外绕挽推砍，同时右手持斧钺向前压在左胳膊上推砍，目视前方。（图 15）

第十四动　袖内扯钺

右脚上前成右仆步，身体左右转身，右手持斧钺向前削砍，左手持斧钺收于左侧，目视前方。（图 16）

图13

图14

图15

图16

第十五动　上步压膊

身体右转左脚上前成左仆步，同时右手持斧钺向前上挽一小圆花后收于胸前，左手持斧钺上前砍压，目视前方。（图 17）

原步不变，左手持斧钺向前平推砍，右手持斧钺向后随身体成左仆步前削砍后收于右腰际，目视前方。（图 18）

身体左转右脚上前成右仆步，同时左手持斧钺向前挽砍，右手持斧钺向前压砍，目视前方。（图 19）

第十六动　袖内扯钺

原步不变，右手持斧钺撑直手臂向前削去，左手持斧钺带收于左腰际，目视前方。（图 20）

图17

图18

图19

图20

左腿独立，右脚屈膝上提。双手持斧钺朝体后下甩砍，目视前方。（图 21）

第十七动　拗砍

右脚上前成右弓步，右手持斧钺向敌当面劈砍，目视前方。（图 22）

第十八动　铁臂靠山

左脚上提腾步跳起，上右脚，双脚落地成马步。双手持斧钺带挽成反云手，两手持斧钺向右边横腰砍去，目视前方。（图 23）

右脚上提腾步跳起，上左脚，双脚落地成马步。双手持斧钺带挽成正云手，两手持斧钺再向右边横腰砍去，目视前方。（图 24）

图21

图22

图23

图24

第十九动　转身双抱

身体左转，回身成马步，同时两手持斧钺挽反云手，双手怀抱斧钺于胸前，目视前方。（图 25）

第二十动　拗步劈砍

两手持斧钺扯开分砍，左手在下、右手在上，双腿成左仆步，目视前方。（图 26）

左脚向前落地成左弓步，右手持斧钺上前对敌头部拗劈砍去，目视前方。（图 27）

第二十一动　顺砍拗砍

右脚上前成右弓步，右手斧钺抡一圈后上前再砍去，目视前方。（图 28）

图25

图26

图27

图28

原步不变，左手持斧钺向前砍去，目视前方。（图 29）

左脚上前成左弓步，左手持斧钺由前回抡一圈后向前砍去，目视前方。（图 30）

第二十二动　提膝甩钺

右腿直立，左脚收回屈膝上提，双手持斧钺朝身体两侧下方甩砍，目视前方。（图 31）

第二十三动　横步拗砍

左脚横着落地成左虚步，右手持斧钺从后向前劈砍，左手持斧钺落在体左后下方，目视前方。（图 32）

图29

图30

图31

图32

身体向右转身，左腿直立，右脚屈膝上提，右手持斧钺往下甩砍，落于右边腿后下，左手持斧钺上掀架起，目视前方。（图 33）

右脚向右横着落地成右弓步，右手持斧钺向前劈砍去，左手持斧钺甩于体后上方，目视前方。（图 34）

左脚上一步，身体直立，向右转体，两胳膊合拢挽反云手，双手合抱斧钺于裆前，右脚屈膝上提，目视前方。（图 35）

第二十四动　马步长砍

右脚落地成马步，两手持斧钺双手分开，右手臂伸直，手持斧钺向前砍去，左手持斧钺在后成一字长形，目视前方。（图 36）

图33

图34

图35

图36

第二十五动　顶膝双甩

右腿直立，身体后转回头，左腿屈膝提起，两手持斧钺朝下甩于两腿后下边，目视前方。（图 37）

第二十六动　迎门双架

左脚上前落成左弓步，双手持斧钺朝上相交架起，目视前方。（图 38）

左腿直立，右脚在后提步向前屈膝上提，两手持斧钺往上左右分开，目视前方。（图 39）

右脚上前落成右弓步，双手持斧钺朝上相交架起，目视前方。（图 40）

身体右转，右腿直立，左腿屈膝上顶，两手持斧钺往上左右分开，目视前方。（图 41）

图37

图38

图39

图40

图41

第二十七动　左右双分

左脚上前落地成左弓步，两手持斧钺朝上相交架起，目视前方。（图 42）

左腿直立，右脚屈膝提起，两手斧持钺左右分开，目视前方。（图 43）

右脚向前落地成右弓步，双手持斧钺朝下摇臂交叉往下搭砍，目视前方。（图 44）

右脚向后滑步回撤成左弓步，双手持斧钺往两侧分开，目视前方。（图 45）

图42

图43

图44

图45

第二十八动　滑步下压

原步，双手持斧钺由上往下相交合抱摇砍，目视前方。（图 46）

左脚向后滑一步成右弓步，两手持斧钺保持不变，目视前方。（图 47）

第二十九动　提膝甩钺

原步，双手持斧钺由上朝下分开摇砍，目视前方。（图 48）

重心后移左脚直立，右脚屈膝上提，双手持斧钺在身体的两侧分开后甩，目视前方。（图 49）

图46

图47

图48

图49

第三十动　双砍

右脚上前落成右弓步，双手持斧钺向前双劈，目视前方。（图 50）

第三十一动　摇钺双跳

左腿独立，右脚收回屈膝上提。右手持斧钺甩于右体后下，左手持斧钺上掀砍去，目视前方。（图 51）

右脚腾跳落地，左脚屈膝上提，左手持斧钺甩于左体下方，右手持斧钺上掀在头右上方，目视前方。（图 52）

身体左转，左脚腾步点跳落地、右脚上前腾跳落下成右仆步，右手持斧钺向前下推砍，左手持斧钺上掀架于头左后上方，目视前方。（图 53）

图50

图51

图52

图53

第三十二动　马步架钺

右脚向后撩起，身体左转过来，右手持斧钺朝上迎门砍劈，左手持斧钺甩于体后，目视前方。（图 54）

右脚上前落地成马步，右手持斧钺上前直臂砍击，左手钺上掀于头左后上方，目视右前方。（图 55）

第三十三动　金鸡抖翎

右脚收回成右虚步，右手持斧钺收到左腰下，目视前方。（图 56）

右脚退步起立，左脚屈膝上顶，左手持斧钺压在裆前，右手持斧钺上掀架于头右后上方，目视左前方。（图 57）

图54

图55

图56

图57

右脚独立，双手姿势不变，左脚向身体上方踢击一腿，目视左侧上方。（图 58）

第三十四动　文武请手

左腿落下并步直立，再左转向正面，上左脚成虚步，做文武请手。（图 59）

第三十五动　收势。

左脚收于右脚并拢，身体回正面向前方。（图 60）

收势。

图58

图59

图60

（演练：汪汉平）

双锏

该套路共32动，属武术奇门兵器之一。以刺、盖、抡、劈、架、舞花、挑、格、挡等的攻防手段，讲究左右连环，前手引后手随，双锏连环技击，攻守自如。

第一动　起势

两足品字形站，右手怀抱双锏贴靠于右臂前，左手下垂贴在左腿外侧，目视前方。（图1）

第二动　雁落平沙

左脚上前成左虚步，右手由下往上撑掌，左手抱双锏甩于体后下，目视左侧前方。（图2）

两手向上掀起，分开一尺左右，左脚屈膝上提。（图3）

第三动　仙人指路

左脚上前落地，右脚跟上转身正面并立，双手下垂贴靠在两腿外侧，目视右方。（图4）

图1

图2

图3

图4

右脚上前一步，在左腿前成交叉盖步。同时，两手从面前合拢往下分开成一字形，目视前方。（图 5）

第四动　直捣中原

身体左转，右腿直立，左脚屈膝提起，左手持锏甩下，右手拳收于右边腰际。（图 6）

左脚上前成左弓步，由下到后伸直后摆，右拳向前直冲打击，目视前方。（图 7）

第五动　腾云驾雾

身体向右转身成拗卧卧势，右手变掌朝上撑掌，目视左侧前方。（图 8）

图5

图6

图7

图8

左腿直立，左手拿锏向前抓挽，右脚向前上方踢击，右手拍击右脚背，目视前方。（图 9）

第六动　二虎争威

右脚收回屈膝提起，右手收于左手拿锏一把，目视前方。（图 10）

右脚上前落地成马步，两手持锏由怀中分开劈锏，右手在前，左手在后，双手持锏成一字形，目视右锏方向。（图 11）

第七动　雪花盖顶

右脚收回半步成右虚步，右手锏收于左腰部，左手锏上掀在头左边后上方，目视前方。（图 12）

图9

图10

图11

图12

左脚上前一步，右脚向背后退步成马步，同时双手持锏挽反云手，左手在上经过头转到右腰部，右手向前直臂立锏，目视前方。（图 13）

第八动　狮子抖毛

左脚从背后倒退步向左转成马步，左手持锏挽正云手，左手到左边手臂伸直，右手收锏于左胁下，目视前方。（图 14）

左脚上前一步，右脚从背后倒退一步成马步，右手向右转持锏挽反云手的同时，右臂立锏甩到右边伸直，左手收于右胁下，目视前方。（图 15）

第九动　金鸡独立

左脚从背后倒退一步成马步，同时左手持锏向左转挽正云手，左手直臂立锏。右手收到左胁后立锏，目视左侧前方。（图 16）

图13

图14

图15

图16

第十动　老虎坐山

转身过来，右脚上提，右手持锏甩于右腿下，左手持锏上掀在头左边后上方高举，目视前方。（图 17）

右脚先腾步跳起落地，左脚涉步跟随跳起向前落地，右脚屈膝上提向前下落成右仆步，两手摇动双锏，右手锏甩在右腿上伸直，左手锏收在右边腰部，目视前方。（图 18）

第十一动　分水取宝

身体向左转身过来，左脚变成左弓步，左手持锏从腰部向上领锏，右手持锏向前直刺锏，目视前方。（图 19）

右脚上前成马步，双手持锏先合拢再分开，右手持锏向右边打去，左手持锏甩在身体左边后，两臂伸直成一字长形，目视前方。（图 20）

图17

图18

图19

图20

原步不动，两手合拢再于胸前双抱锏，右手在上、左手在下，目视前方。（图 21）

原步不动，两手持锏由胸前分开，手背朝上掌心朝下，目视前方。（图 22）

原步不动，身体稍向左边移动，两手持锏交叉合抱，左手持锏朝右边肩上，右手持锏在左腰边，目视前方。（图 23）

身体向右转一圈，转身过来，先左脚上前一步，右脚倒退一步，双腿成马步。同时，双手持锏带挽反云手，双手合抱到胸前，左手在上右手在下，目视前方。（图 24）

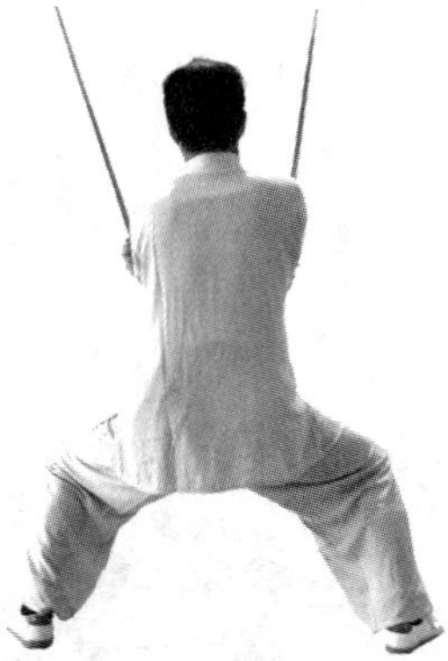

图21

图22

图23

图24

第十二动　迎风舞袖

原步不变，两手持锏由胸前分开，右手持锏向前劈去，左手持锏向后伸直一字形，目视前方。（图 25）

转身过来成左虚步，左手持锏收到右边腰部，右手持锏稍往上掀举，目视前方。（图 26）

第十三动　狮子回头

右脚上前成右虚步，同时右手锏上前甩至左腋下，左手锏不动，双手向胸前双抱锏，目视前方。（图 27）

右腿屈膝上提，右手持锏由下往上搅锏，右屈臂肘尖在右膝上，左手持锏在体后，目视前方。（图 28）

图25

图26

图27

图28

右脚上前落地，左腿向后撩起，右手持锏向前直刺去，左手持锏上掀于头左上方，目视右锏前方。（图 29）

第十四动　翻江倒海

身体左转回头过来，左脚屈膝上顶，左手持锏平锏于左腿膝上，右手持锏甩于身体右后下方，目视前方。（图 30）

左脚上前落地成马步，左手直臂持锏前刺，右手持锏上掀于头右后上方成单鞭势，目视前方。（图 31）

第十五动　回头望月

右脚上前成右虚步，右手持锏甩于左边下的左臂上，左手持锏合于右臂下，双手在体前下方成合抱锏，目视前方。（图 32）

图29

图30

图31

图32

右脚上前一步，左脚倒插在右腿后成交叉拗步，右手持锏向前下甩击，左手持锏分开到头左后上方，目视右前方。（图 33）

身体左转成左弓步，左手持锏后下甩，右手持锏随身翻转向前劈击，目视右前方。（图 34）

第十六动　拨草寻蛇

身体右转，左腿直立，右脚屈膝上提，右手持锏向右前斩锏后贴近于右膝上，左手持锏上掀于头左后上方，目视右前方。（图 35）

右脚上前落地成右弓步，左手锏朝头顶架锏，左手臂平肩高伸直，右手持锏向前直刺锏，目视正前方。（图 36）

图33

图34

图35

图36

第十七动　铺地锦

右脚收回屈膝点地成虚步，右手持锏朝右膝下后甩，左手持锏上掀架于头左后上方，目视前方。（图 37）

右脚前跳落地独立，左脚屈膝上提，右手持锏上掀架于头右后上方，左手持锏收在右肋下边，目视前方。（图 38）

第十八动　苏秦背剑

左脚前跳落地，下插落地成左仆步，左手持锏在上甩到左腿下，右手持锏甩到头右边后上方，目视右前方。（图 39）

左脚退步成卧势左仆步，同时右手持锏由下挽花到背后披锏，锏尖朝上。左手稍弯将锏上举，目视左上前方。（图 40）

图37

图38

图39

图40

第十九动　镇守山门

左腿独立，右腿屈膝向前提顶，两手持锏同时朝右腿外后下甩击，目视前方。（图 41）

右脚上前落地成卧势右弓步，身体转身过来，双手持锏上掀于头右上边，目视左后前方。（图 42）

第二十动　朝天一炷香

身体左转，左脚收回半步成在虚步，左手手臂弯曲横着朝上立锏。右手持锏收于右腰，目视前方。（图 43）

右脚上半步成右虚步，右手持锏上领，左手持锏朝下，目视前方。（图 44）

图41

图42

图43

图44

第二十一动　左右披花

左脚上半步成左虚步，左手持锏上领，右手持锏收抱于右腰际，目视前方。（图 45）

右脚随身体后转体从背后退大步成右弓步，身体转身过来。同时，双手持锏往后上掀高举于头右边后上方，目视前方。（图 46）

身体左转，右脚上步成右虚步，同时右手持锏往下收于前胸，两手合拢抱于身体下方，目视右前方。（图 47）

左脚上半步成在虚步，身体转身过来，同时双手持锏挽拗花，目视前方。（图 48）

图45

图46

图47

图48

第二十二动　哪吒探海

身体向左转体，右脚向上屈膝提起，两手持锏挽花，目视前方。（图 49）

右脚腾步上前落地，左脚在右腿后交叉，两手分开，左手向前，右手持锏向右体后摆，目视前方。（图 50）

第二十三动　敲山震虎

身体左转，双手随身体翻身转身过来，双腿成高马步，两手持锏撑成一字势，目视前方。（图 51）

身体右转，双脚腾步跳起后落地，转身成马步，右手持锏向前劈击，左手持锏收在体后，目视前方。（图 52）

图49

图50

图51

图52

身体转身过来，右腿独立，左脚屈膝提起。左手持锏甩于左腿下，右手持锏上掀架于头右后上方，目视左前方。（图 53）

第二十四动　左右摆击

左摆：左脚上前成左弓步，右手持锏向左前摆击，左手持锏甩于身体后下方，目视前方。（图 54）

右摆：原步不变，左手持锏向右前摆击，右手持锏甩于身体后下方，目视前方。（图 55）

第二十五动　左右格挡

左脚收成寒裆步，右手持锏朝左下边摆锏，左手持锏上掀，目视前方。（图 56）

图53

图54

图55

图56

右腿直立，左腿屈膝上提，右手持锏挽花后向右边格挡，目视前方。（图 57）

第二十六动　双架锏

左脚上前成左弓步，双手持锏上架，目视前方。（图 58）

右脚往后撩起，双手持锏往下叉搭。（图 59）

右脚上前成右弓步，双手持锏分开后向体前双劈去，目视前方。（图 60）

图57

图58

图59

图60

右脚回收成虚步点地，双手持锏收回靠于腰际，目视前方。（图 61）

右脚向前落地，身体下沉半蹲成马步，两手持锏朝前双直刺，目视前方。（图 62）

双脚朝右边腾跳落下成右仆步，两手持锏向右边腿下拍劈，目视前方。（图 63）

双脚朝左边腾跳落成右仆步，两手持锏上摇摆起，再向右腿下内拍劈，目视前方。（图 64）

图61

图62

图63

图64

第二十七动　双领

身体立起左脚上步成左弓步，双手持锏往上十字交叉架锏，目视前方。（图 65）

第二十八动　倒步扫

身体右转，右脚从背后倒步扫腿后成左虚步。双手持锏同时摆于右边肩上，左手持锏收于腰际，右手持锏上掀于头右后上方，目视前方。（图 66）

第二十九动　云花挽锏

正云挽花：右脚屈膝上提，右手持锏甩到胸前下，两手合拢抱锏，目视前方。（图 67）

反云挽花：身体右转过来，上左脚成虚步，双手持锏分开挽花于前胸合抱，目视前方。（图 68）

图65

图66

图67

图68

正云挽花：右脚上步成右虚步，右手持锏甩到胸前下，两手合抱锏后直臂分锏，目视前方。（图 69）

第三十动　马步平甩

左脚倒退一步，身体向左转身成马步，双手持锏挽正云手，左手横甩到左边伸直立锏，右手持锏收于左腰胁下，目视前方。（图 70）

第三十一动　财神归位

右脚从背后倒退一步成左虚步，左手持锏压于裆前，右手持锏上掀于头右后上方，目前前方。（图 71）

右腿独立，左脚向前上方踢腿，目视左上方。（图 72）

图69

图70

图71

图72

第三十二动　文武请手

左腿落下，正面转身过来并步直立，上左脚成虚步，做文武请手一次。（图 73）

左脚收回与右脚并拢，右手收锏抱于右腰际，目视前方。（图 74）

收势。

图73

图74

（演练：李又发）

双匕首

该套路仅 35 动。双匕首属武术短兵器，以刺、划、戳、架、带、绞、扎、挡等技法为主，兼以步法、身法、腿法之配合，双匕首相互作用，连环击刺，来充分展现双匕首的攻防技能。

第一动　起手

身体直立，两脚成品字形站，双手持匕首垂下，目视前方。（图 1）

第二动　坐井观天

左脚上前成左虚步，左手持匕首向左腿后下甩手，右手持匕首上掀于头右后上方，目视前方。（图 2）

右腿直立，左脚屈膝提起，两手持匕首向前上方掀起挖刺后分开，高与头平。目视前方。（图 3）

第三动　饿虎捕食

左脚上前落地，右脚跟上转身正面品站，两匕首从上落下靠于两腿外侧，目视前方。（图 4）

图1

图2

`图3

图4

右脚提起腾跳落地，左脚屈膝上提，左手持匕首上掀，右手持匕首摆甩在身体右后下方，目视前方。（图 5）

第四动　移步平扎

左脚落地成左弓步，右手持匕首上前劈去，左手持匕首扯在左腿后下方，目视前方。（图 6）

左脚上前连续滑几个半步，右脚跟随滑几个半步，左手持匕首上前平胸扎刺去，右手持匕首由上后甩到右腿后下方，目视前方。（图 7）

第五动　倒扫卧势

身体右转，右脚从背后随右转体倒步扫腿一圈过来，身体转身过来卧势成右弓步，右手持匕首向前下刺，左手持匕首后甩于左边后下，目视前方。（图 8）

图5

图6

图7

图8

身材左转，右腿独立，左腿屈膝上提，左手持匕首甩于左腿下，右匕首上掀于头右边后上方，目视前方。（图 9）

第六动　拗劈平扎

左脚上前落地成左弓步，右手持匕首上前劈刺，左手持匕首甩于左体后，目视前方。（图 10）

双脚同时向前移步，两手持匕首向前分次平扎刺，目视前方。（图 11）

第七动　倒扫

身体右转，右脚从背后退步倒扫腿一圈后成右弓步，双手持匕首同时一路向前平扫刺，目视前方。（图 12）

图9

图10

图11

图12

左脚屈膝上提，左手持匕首甩于左膝下，右手持匕首上架在头右后上方，目视前方。（图 13）

第八动　双劈分

左脚落地成左弓步，双手持匕首甩向后面，再由下往上向身前劈刺，目视前方。（图 14）

左脚收半步成左虚步，双手分开，手背朝上手臂撑直成一字形，目视前方。（图 15）

第九动　浩步抱分

右脚上前成右虚步，同时不停，两手持匕首合抱。双手持匕首翻腕成双掌心朝上，目视前方。（图 16）

图13

图14

图15

图16

左脚上前成左虚步，双手持匕首旋翻手腕成掌心朝下，两手手臂分开撑直，目视前方。（图 17）

第十动　剁腿长劈

双手姿势不变，右脚上前浩步独立，左脚向上方剁腿踢击，目视前方。（图 18）

左脚前落地，右脚随身体左转成马步，双手持匕首摇刺，右手上前劈刺，左手持匕首后撑伸直，双臂成一直线，目视前方。（图 19）

第十一动　提膝双劈

身体左转，右脚屈膝上顶，双手持匕首后甩，目视前方。（图 20）

图17

图18

图19

图20

右脚前落地成右弓步，同时双手持匕首从后随手腕旋翻向前双劈刺去，目视前方。（图 21）

第十二动　抱胸滚翻

左脚上步，右腿半蹲，双手持匕首向怀中合抱，目视下方。（图 22）

低头团身，肩部着地，双脚往地上团身翻滚而起。（图 23）

身体滚翻过来，双脚落地往下一蹲伏成马步，两手持匕首落于裆前，目视左侧前方。（图 24）

图21

图22

图23

图24

第十三动　通袖腿

双手持匕首于身体后下，右腿独立，左脚向前上踢击，目视左前方。（图 25）

第十四动　连环三顺劈

左脚收回落地成左弓步，左手持匕首上前顺刺，右手持匕首摆于身体右后下方，目视前方。（图 26）

右脚上前成右弓步，右手持匕首向前宰刺，左手持匕首回甩于身体左后下方，目视前方。（图 27）

左脚上前成左弓步，左手持匕首再向前劈刺，右手持匕首摆甩于身体右后下方，目视前方。（图 28）

图25

图26

图27

图28

身体右转，左腿独立，右脚屈膝提起，身体转身过来，双手持匕首向后甩摆，目视前方。（图 29）

第十五动　双劈下分

右脚震步落地，随之左脚上前成左弓步，双手持匕首向前劈刺，目视前方。（图 30）

右脚上前成弓步，双手持匕首往下左右分开后向前下刺击，目视右前方。（图 31）

第十六动　浩步双分

不停左脚上步，两手持匕首由下往上，滚动前刺，左手双匕首尖朝上，右手匕首尖朝下，目视前方。（图 32）

图29

图30

图31

图32

不停，右脚上步，双手持匕首在头上分开后又往下刺击，目视前方。（图 33）

第十七动　双分贯耳

左脚上前成左弓步，双手持匕首由下往上与太阳穴平高处夹击劈刺，目视前方。（图 34）

第十八动　左右甩刺

右脚收到左脚成前品字形立站，右手持匕首往身体右后摆甩，左手持匕首刺向体左侧上方，目视前方。（图 35）

原步不动，左手往前摆刺，目视前方。（图 36）

图33

图34

图35

图36

第十九动　怀中抱月

原步不变，双手持匕首上前对敌头部合刺，双手手臂在体前交错相叠后分开，左手在左头上方，右手甩于右体后下方，目视前方。（图 37）

第二十动　沉身宰脚

身体蹲伏，两手持匕首翻腕向前扑刺，双手再分开伸直手臂前后左右分开刺劈，目视前方。（图 38）

双脚腾跳向左转体成矮马步，右手持匕首向左上边抡臂宰刺于右腿下，左手持匕首于左侧平撑，目视前方。（图 39）

双脚向左边转身腾跳，转身过来，左手持匕首向左腿下宰刺，右手持匕首直臂平撑于右侧，目视前方。（图 40）

图37

图38

图39

图40

第二十一动　扶地倒扫

双手扶地，身体左转随之左脚向背后倒扫腿后成右仆步，两手臂分开直撑成一直线，目视前方。（图 41）

第二十二动　顺扫腿

右脚向前扫腿成右仆步，右手持匕首上前甩劈，左手持匕首朝上挑刺，目视前方。（图 42）

第二十三动　金鸡独立

身体左转，右腿独立，左腿屈膝上提，左手持匕首朝下翻腕上挑刺贴落于左腿附近，右手持匕首上掀于头右后上方，目视前方。（图 43）

第二十四动　左剁腿

双手姿势不变，右脚独立，左脚向前上方踢腿，目视前方。（图 44）

图41

图42

图43

图44

第二十五动　涉步地剪腿

左脚收于右脚，双脚涉跳向前剪子叉腿踢击，双手持匕首扑扶于地，目视前方。（图 45）

两手持匕首扶地，双脚收回成马步，双手持匕首在体后下垂，目视前方。（图 46）

第二十六动　野马弹蹄

左手持匕首压于裆前，右手持匕首上掀于头右后上方，左脚向前上方踢击，目视前方。（图 47）

第二十七动　双贴宰

左脚前落地成左弓步，双手持匕首向左边贴宰刺去，目视前方。（图 48）

图45

图46

图47

图48

第二十八动　回头望月

身体右转，回头前看，左腿独立，右脚屈膝上提，右手持匕首压于裆前，左手持匕首上掀于身体左头部后上方，目视右前方。（图 49）

第二十九动　顺宰

右脚上前落地成弓步，右手持匕首向前劈刺，左手持匕首摆落于身体左侧后下方，目视前方。（图 50）

第三十动　双抱前滚

重心后移于左腿上，右脚收半步成右虚步，双手收抱于怀中，目视前方。（图 51）

右肩落地，低头团身，双脚朝上蹬起上举，团身前滚翻。（图 52）

图49

图50

图51

图52

前滚翻过来，双脚落地半蹲成马步，身体蹲伏，双手持匕首下垂于裆前，目视前方。（图 53）

第三十一动　左右剪腿

双手持匕首扑扶于地，双脚向身体左边丢剪腿踢击，目视左方。（图 54）

双脚收回并拢，再涉步腾跳，向身体右边丢剪腿踢击，目视右方。（图 55）

第三十二动　白鸡蹬高

双脚收回成矮马步半蹲，双手持匕首垂于裆前，目视前方。（图 56）

图53

图54

图55

图56

双手持匕首扶地支撑身体，双脚朝天上蹬，目视前方。（图 57）

双脚收回半蹲成矮马步，双手持匕首垂于裆前，目视前方。（图 58）

第三十三动　财神归位收势

左腿独立，双手持匕首甩于身体后边，左脚向前上方踢击，目视前方。（图 59）

左脚前落地成左弓步，右手持匕首向前劈刺，目视前方。（图 60）

图57

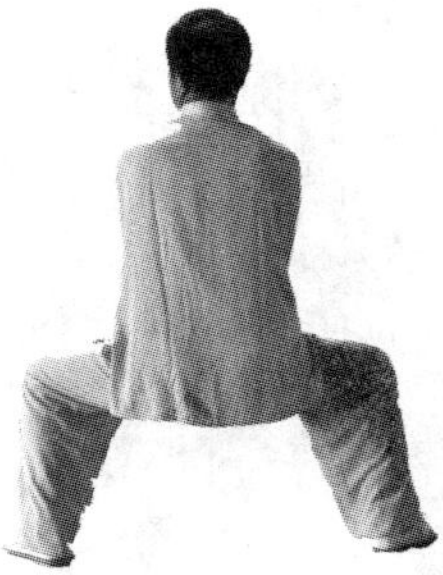

图58

图59

图60

左脚收回半步成虚步，双手持匕首翻摇，右手持匕首甩于身体头右后上方，左手持匕首压于裆前，左腿再向上踢腿后落地成虚步，名之财神归位，目视前方。（图 61）

第三十四动　文武请手

转身正面过来，并步直立，上左脚成虚步，做文武请手一次。（图 62）

第三十五动　收势

左脚收回并于右脚，身体直立，双手持匕首下垂，目视前方。（图 63）

收势。

图61

图62

图63

（演练：云祥照）

代表性传承人略传

臧重光

男，1946年9月16日生于湖北省天门市胡市镇，天门市武术气功一级教练。

自幼拜孙祥官先生为师，系统、全面地学习了武当七星活气功、武当唐手、少林洪门拳法、水浒门拳法器械和中医跌打损伤。

经常侍奉在恩师身边，习武学艺。还常常跟随恩师上山采药、济世救人，见证了先师传艺授人、悬壶济世、问诊疾苦的坎坷一生。

经恩师准予，1978年在胡市街开办武馆和伤科诊所，1981年被聘到汤池孙湾教武一年。后回到胡市和师弟胡柏树、孙阳平一起开办南北武术馆三年。

来自本省京山、应城、安陆、天门、汉川、仙桃及全国各地的学徒达数百人之多，1985年被聘到汉川彭家咀教学一年。后一直在胡市街开设伤科门诊及授徒传武至今，誓将先师所授功夫和医术努力传承和光大。

胡柏树

男，生于1947年6月，湖北省天门市胡市镇人，天门市武术气功一级教练。

自幼爱好武术，拜恩师孙祥官为师。在师父的精心传授下，习练了七星活气功，少林太子罗汉功，熊门秘传总堂、二堂、三堂、四堂、太乙金刚拳，五堂、六堂、七堂、八堂、九堂、十堂拳法，以及少林洪门功夫、水浒门拳术、对练、器械等。

在京山杨峰教武一年，接着在应城南院教授武术两年，在应城汤池教武两年，还经常和师父挖草药代诊、代武艺教场。

1988年和师兄臧重光、师弟孙阳平在胡市开设南北武术馆三年。

现一直在胡市开设武馆，传授武艺至今。

孙阳平

男，1962 年 5 月出生。湖北省天门市，胡市镇人，天门市武术气功一级教练，天门市武术气功协会胡市分会副会长，武当熊门唐手功夫天门培训基地主教练。自幼拜恩师孙祥官为师，系统地学习武当熊门唐手、少林洪门、水浒门等各种拳术、器械、对练，习练了武当七星活气功、少林六合混元气功和中医伤科等。1985 年在家创办少林武术馆达四年。1988 年和师兄臧重光、胡柏树开办南北武馆达三年，收徒几百人。又先后到河南嵩山少林武术学校任教，河南平顶山少林寺武院任教，河南叶县少林武院任教。回湖北后，又到汉川韩集、胡市大兴、胡市蒿台、九真周场、天门皂市等地传授武功，教徒达三十多年。授徒达几千人，直到现在一直以教徒和开设中医跌打损伤门诊为业。

孙祥安

男，1956 年 12 月生，湖北天门胡市人，天门市武术协会胡市镇分会理事，武当熊门唐手、七星活气功传承人和教练员。

1973 年拜本地著名拳师孙祥官为师，学习武当熊门唐手、少林洪门、水浒门及武当七星活气功等拳术器械、武术气功等，兼治跌打损伤。

在跟师父学艺期间，恩师耳提目命，悉心传授。弟子寒暑不辍，刻苦练习，尽得恩师之真传。七年之久，功夫大成。

1980 年，为光大本门武学，传播熊门唐手，外去京山市设场教拳。授艺期间，朝夕揣摩，注重功夫与实践融会贯通，功夫日益精进。与人切磋，皆佩服而去，由是名声鹊起。

1981 年至 1990 年，行走江湖，以武会友。同时，悬壶济世，为病友们医治跌打损伤等。六年之后，返乡创办跌打损伤诊所，传授武当熊门武学，并在网上传播本门武学视频，收授门徒，学员遍及北国南疆，如内蒙古、重庆、福建、贵州、湖北等地。

2018 年第七届武当国际演武大会，演练的武当熊门连枷棍荣获优秀奖。

扫一扫 看洪门功夫演练视频